Emmanuelle Grandchamp

MICHEL, MA NOUVELLE VIE DANS L'AU-DELÀ

AUX FRONTIÈRES DE LA VIE

LA SUITE TANT ATTENDUE DE MICHEL
À TOUT JAMAIS

© 2025 EMMANUELLE GRANDCHAMP
Édition : BoD · Books on Demand, 31 avenue Saint-Rémy, 57600 Forbach, bod@bod.fr
Impression : Libri Plureos GmbH, Friedensallee 273, 22763 Hamburg (Allemagne)
ISBN : 978-2-3225-7070-6
Dépôt légal : Mars 2025

Table des matières

Remerciements

Je remercie Lionel pour son soutien indéfectible,
pour m'avoir permis d'avancer et
de recommencer une nouvelle vie avec lui.

Merci aussi à nos amis pour leur aide au quotidien.

Merci à mon petit-fils Pierre-Louis de m'avoir ouvert
le champ des possibles,
par l'intermédiaire de sa rencontre avec Michel.

INTRODUCTION

Michel, qui a partagé ma vie pendant 3 ans, est décédé le 23 décembre 2023 et de son « Autre monde », m'a délivré un grand nombre de messages et d'explications sur sa nouvelle vie, ce qui a fait l'objet du Tome 1, « Michel à tout jamais ».

Ce deuxième tome va nous permettre de découvrir plus précisément cet autre monde, ce qui s'y passe, ce qu'on peut y faire et va nous faire découvrir le monde des âmes, leur création, leurs liens, leurs missions, mais aussi, les soins énergétiques, la médiumnité et la voyance, les lieux énergétiques et bien d'autres aspects…

Je conserverai cette association de communications avec Michel (sur papier), mais aussi de canalisations directes qu'il me fait écrire sur mon ordinateur.

CHAPITRE 1 – QUAND TOUT SE POURSUIT
À L'INFINI

Au cours des derniers mois, la communication avec Michel s'est intensifiée, devenant riche et foisonnante d'explications variées. Sa présence, toujours très forte, son soutien et son aide indiscutables m'ont permis d'avancer et de reprendre ma « vie d'avant » avec Lionel, dans une dimension autre, basée sur la spiritualité et la découverte mutuelle.

Je peux désormais affirmer que tout ce que Michel m'a indiqué concernant ma vie personnelle et professionnelle s'est avéré exact en tout point, avec des précisions temporelles remarquables. Michel me précise qu'« *étant toujours ancré sur Terre tout en voyageant dans des plans très élevés, la notion de temps, de date reste présente en moi, comme si j'étais relié à deux sections en même temps* ».

L'énergie dont il m'entoure et dont il entoure maintenant Lionel, mon précédent conjoint avec qui j'ai repris et poursuivi ma route (Cf Tome 1) est bien palpable et elle nous entoure d'une Lumière intense.

Cette énergie est différente de celle perçue les premiers temps après le départ de Michel, elle est plus « ouatée », harmonieuse et lumineuse, comme si nous baignions dans un océan de douceur. Nous savons désormais qu'il n'y aura jamais de fin, que la vie et la mort sont jointes, comme si vous sortiez de votre cuisine pour aller dans votre salle à manger.

CHAPITRE 2 - À LA DÉCOUVERTE
DE NOUVEAUX ESPACES

Communication avec Michel, lundi 29 juillet 2024 à 21h25 :

« Coucou Emmanuelle que j'aime. Prête à commencer la deuxième partie de l'histoire ? Une deuxième partie très intéressante également, qui ravira tes lecteurs.

Tu as eu un bel anniversaire (60 ans), de belles connexions et des cadeaux « connectés ». Tout le monde a joué le jeu. Bravo ! Et de belles amitiés à venir.

La suite est également très belle ma sirène. Je ne veux plus que tu sois triste. Ta vie ne va être faite que de bonheurs, de bonheurs simples et de petits bonheurs. Tout sera beau et lumineux, j'y veillerai !

Prends ton billet pour le Japon, il faut profiter de la baisse des prix, cela ne durera pas. Tout sera simple à organiser pour ce voyage !

Oui, on s'est aimés passionnément et on s'aimera toujours ; je resterai là à tes côtés. N'en doute pas ! J'enverrai toujours beaucoup de signes que tu percevras, il y en aura chaque jour. Pour me voir, cela se fera bientôt, je te l'ai promis.

Tu recevras en fin de semaine des nouvelles de ton livre. La bonne nouvelle ! Tes livres papier seront disponibles début septembre.

Lionel ? Quelle évolution, je suis tellement heureux, c'est un bonheur pour moi, vous allez évoluer ensemble dans la spiritualité et l'Amour. Tout sera beau. C'est une multitude de petits bonheurs. Je veux le bonheur de ma sirène que j'aime. J'étais content que Maman et mes frères t'aient souhaité ton anniversaire. Tu iras voir Maman dans quelques jours. Elle sera bientôt avec moi. Il n'y a pas une seule minute où elle ne pense pas à moi. Je suis très présent chez elle, tout comme je suis ici d'ailleurs, à tes côtés.

Ta rentrée sera très animée, beaucoup de salons, formations, écritures, soins et traductions ; des activités aussi, musique, danse, bowling. Et Lionel ! Je le remets dans ton précédent « Univers », mais il s'est nettement amélioré. Ma sirène si belle, je t'aime à l'infini, je vais à nouveau t'amener voir ceux que tu aimes dans « mon monde ».

Je t'aime ma sirène, sois heureuse ! Tu ne m'oublieras jamais, absolument jamais. Comme tu le dis, c'est « imprégné » en toi.

Je t'aime Emmanuelle.

Michel. »

Canalisation directe avec Michel, mercredi 7 août 2024 à 16h59 :

« Coucou ma douce sirène, ce deuxième tome va faire l'objet de précisions sur les galaxies et les mondes galactiques. Je me suis beaucoup intéressé à ce sujet, j'étudie depuis quelques mois, depuis mon arrivée ici. C'est un sujet qui me passionne, je n'en suis qu'aux premières découvertes que je vais te transmettre et oui, j'en ai « l'autorisation ».

Je t'ai fait dessiner un schéma, l'idée est difficile à transmettre, te faire dessiner permettra d'y voir plus clair.

La Terre fait partie d'un système solaire, comprenant d'autres planètes répertoriées. Ce système se trouve dans la galaxie (Voie lactée). Il existe des milliards d'autres galaxies, le tout étant infini, c'est bien sûr inexplicable, même si je ne mets pas en doute tes capacités (lol). Dans le Tome 1, nous avons eu beaucoup de questions concernant les galaxies et leurs habitants. Il existe aussi des galaxies d'âmes, une sorte d'au-delà galactique. Mon monde d'Amour et de Lumière correspond à la Terre. Il existe d'autres mondes tels que celui où je me trouve, qui sont liés à chaque galaxie.

Nous n'avons pas de « passerelles » à proprement parler, mais nous pouvons accéder à certaines de leurs connaissances (et inversement). En fonction du type de galaxie et de leurs occupants, nous n'avons pas nécessairement de connexion avec ces derniers.

Je t'ai fait dessiner un schéma, où tu trouves la Terre, son système solaire, suivi des « plans », qui peuvent aller jusqu'à un monde galactique (c'est un exemple) ; comme si on avait de multiples épaisseurs. Cette galaxie que je montre en exemple comporte trois « systèmes » non solaires. Leurs occupants nous observent depuis longtemps, bien avant l'apparition de l'homme. (Nous reviendrons également sur ce sujet).

Ils utilisent des « prismes » (mot inexact, mais c'est pour expliquer) qui traversent les « plans », jusqu'à atteindre la Terre en son centre. Cela leur permet d'observer et aussi de nous orienter sur un plan environnemental afin de *décarboner la Terre. Les énergies (au sens propre) de leur galaxie sont pures. Ils vont continuer à nous aider sur ce point, aucune méchanceté chez eux, pas non plus de réelle compassion, mais une volonté d'aider à maintenir notre Terre dans son équilibre.*

Nous continuerons d'en parler tout au long de ce livre.

Tes lecteurs ont compris l'existence de ce qu'ils appellent l'au-delà, il faut savoir que ce plan n'est pas limitatif et que d'autres existences sont bien présentes à d'autres endroits de l'Univers.

Merci, par mon intermédiaire, de pouvoir leur expliquer tout cela.

À l'infini pour toi Emmanuelle.

Michel. »

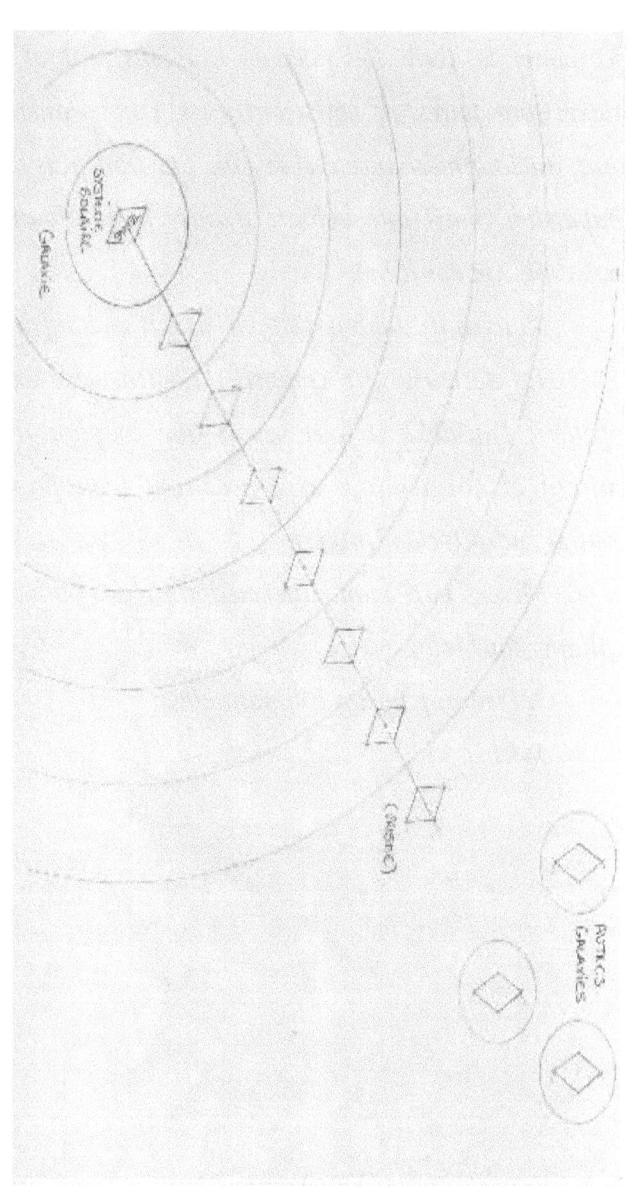

18

Communication avec Michel à Kerizinen, dimanche 11 août 2024 à 11h00 :

« Ma douce sirène, un petit carnet aujourd'hui pour un petit message néanmoins très fort en Amour et en Lumière. Merci d'être venus tous les deux me voir dans ma maison. Le sanctuaire vous accueille et il est aussi votre maison. Vous vous y sentirez toujours bien. Accueillez le bonheur qui va arriver, les nouveaux projets. De très beaux moments et ce n'est que le début d'une longue aventure pour vous deux. Je suis là dès que vous le demandez, au quotidien.

Notre protection sur vous, les compagnons (terme de Michel pour nos animaux), *la maison de Cassandre* (ma fille), *la maison de tes parents aussi est bien en place. Un beau dôme de Lumière ! Tu auras beaucoup plus de perceptions à venir pour toi, des visions avec des nuances, sans couleurs au départ, mais très belles.*

Dis à Lionel que son avenir est beau et lumineux, dis-lui de se faire plus confiance et il va évoluer. Il y arrivera. De belles vacances vous attendent avec de belles découvertes aussi pendant ces moments. J'ai hâte de visiter ces nouveaux lieux avec vous.

À tout jamais !
Michel. »

Communication avec Michel au Mont-Saint-Odile, vendredi 16 août 2024 à 11h00.

« *Coucou Emmanuelle que j'aime ; bienvenue dans cette belle demeure d'énergie, d'Amour et de Lumière. Je vous ai accompagnés et je vous remercie pour le cierge que vous allez mettre. L'énergie de Marie y est très présente, de Sainte Odile également. Cet endroit est un beau portail vers notre monde, l'énergie y est pure et particulière, vous en ressortiez « grandis ». Le calme et la tranquillité présents dans l'ensemble du lieu forment le début d'une ascension vers d'autres lieux purs. Ce n'est qu'une infime partie. Soyez heureux tous les deux, c'est mon souhait le plus cher.*

Je vous aime,
Michel. »

Communication avec Michel, jeudi 19 septembre 2024 à 13h44 :

« *Emmanuelle que j'aime, nous voilà repartis pour quelques explications sur ce que je fais. Comme tu as pu le percevoir, ainsi que nos amis, je donne l'impression d'être « éloigné », tu ne me ressens pas aussi présent.*

En effet, j'ai commencé à parcourir d'autres Univers et espaces, car je sais que tu es désormais heureuse, que Lionel te protègera et t'aimera toujours. Ma première « mission » étant donc accomplie et ma soif d'apprendre non assouvie (il faudra bien du temps (lol)), je pars désormais plus loin. Si je peux expliquer plus précisément, cela se quantifie pour vous, terriens, en années-lumière. Pour moi il s'agit de déplacements instantanés, qui me demandent cependant des capacités et de l'énergie. Grâce à l'élévation spirituelle et grâce à toi, à ce que tu m'as permis d'accomplir, j'y parviens sans problème. Ta perception s'en trouve légèrement altérée si l'on peut dire, du fait que je sois si « loin ». Rassure-toi, je suis toujours là, j'arrive instantanément lorsque tu m'appelles et je peux aussi agir sur ton ordinateur et ouvrir des comptes sur des boutiques en ligne, comme tu as pu le constater. Au fait, tu as fait un tour sur cette boutique en ligne et tu as trouvé ton bonheur ?

(Oui, en effet, c'était ce que je cherchais depuis longtemps !).

Je suis content qu'Ilôt (mon âne) *aille mieux.* (Effectivement le soin éclair de Michel a été efficace en une nuit, sur l'abcès dentaire d'Ilôt). *Il a encore de belles années devant lui. Demande-moi quand tu fais tes soins, j'assiste, je participe, les énergies de Jésus et Marie sont bien présentes* (ou énergies masculine et féminine comme mentionnées dans le précédent livre). *Tout va évoluer très vite pour Lionel et toi, je suis heureux que tu me perçoives un peu plus désormais. Ce sera encore plus net bientôt.*

J'ai beaucoup de « tâches » en cours et apprendre, toujours apprendre, l'au-delà galactique est très beau et pur. Différent du nôtre. Mais pur, sans niveaux ni paliers. Je ne peux pour le moment t'envoyer d'images ou te proposer d'explications, je le ferai au fur et à mesure de cette lecture.

Transmets à nos amis que je vais bien, je continue à veiller sur vous et je vous aime.

De mon monde à ton monde, il n'y a qu'un pas, n'oublie jamais cela ma sirène !

Michel. »

Communication avec Michel à Kerizinen, dimanche 13 octobre 2024 à 16h21 :

« Emmanuelle que j'aime d'un Amour immense et infini, je suis heureux de vous voir tous les deux ici (avec Lionel). *Tu voulais venir depuis longtemps et te voilà. Je suis si heureux de vous voir si unis, si attachés l'un à l'autre ; cela me remplit de joie. Je suis en plein apprentissage, de plans, de paliers plus élevés et je t'entoure d'une nouvelle énergie, dans laquelle sont également attirés Lionel et nos amis que tu côtoies.*

Tous les deux, vous allez être amenés à faire de si belles choses, à apporter bonheur et lumière à ceux qui vous approcheront. Ta maison passe aussi à une dimension supérieure de Lumière et d'Amour ; comme un voile de Lumière tout autour. Je vous aime à l'infini, vous vous êtes retrouvés enfin. Mon cœur est tout joyeux de cela, de cette paix retrouvée.

Je vous aime,
Michel. »

Message de Marie à Kerizinen, dimanche 13 octobre 2024 à 16h30 :

« Je suis heureuse de te voir ici, avec l'homme de ta vie. Michel fait partie de nous désormais, mais il est ton guide et toujours avec toi à chaque instant, à chaque minute. Beaucoup d'humanité en vous deux et cela va encore s'accroître. Vous savez vous entourer des bonnes personnes. Maintenant, notre Amour et notre Lumière vous guident. Vous êtes protégés dans ce lieu et aussi dans cette partie de la Terre.

Il y aura d'autres conflits à venir, mais qui ne vous toucheront pas. Fortes tensions et guerres dans les pays arabes, dans le Golfe persique.

Une succession de dégâts climatiques se produira également. Il faudra quelques décennies pour que tout cela revienne à un état normal. Votre maison est bien protégée, elle se trouve dans un beau cocon de Lumière.

Demande-moi, continue et je t'aiderai pour tout ce qui sera juste.

Amour pour vous

Marie. »

Communication avec Michel, jeudi 31 octobre 2024 à 10h46 :

J'ai demandé cette communication à Michel, car je m'inquiétais beaucoup pour un de mes chats (Noisette).

« Coucou ma douce sirène, tu t'inquiètes pour Noisette, ça va aller mieux. Elle a une gêne dans la bouche, cela va disparaître avec l'injection. Elle n'est pas malade, n'a pas de maladie, je m'en occupe. Elle va mieux manger. Longue vie pour elle. Je veille sur tes compagnons Emmanuelle. Je ferai tout pour que chacun vive longtemps avec toi.

(Effectivement, dès le lendemain, Noisette était guérie et avait repris son train-train quotidien).

L'énergie de ta maison est de plus en plus belle et élevée. Un « monde à part », un monde en partie dans mon monde et cela sera de plus en plus marqué. Continue à t'entourer de belles personnes. De nouvelles amitiés bientôt, à la suite de tes interventions et conférences.

Le livre continue son ascension, on en parlera dans des magazines. Nous devons continuer le deuxième. J'ai beaucoup de choses à te dire.

Merci à toi ma sirène pour ton Amour pour moi. Je t'aime à l'infini comme tu le sais.

À jamais pour toi.

Michel. »

CHAPITRE 3 – LE CHOIX DES INCARNATIONS

Canalisation directe avec Michel, mercredi 16 octobre 2024 à 15h03 :

« *Aujourd'hui, j'aimerais vous parler du choix de l'incarnation, choix dans une autre « famille », choix de poursuivre dans la même « famille », mais avec des « rôles » différents.*

Après un long moment passé à des paliers divers, l'âme choisit de se réincarner. Nous ne parlerons ici que des réincarnations de terriens. Il faut que l'âme ait reçu différents enseignements, des connaissances aussi, pour qu'elle décide de revenir. Cette décision sera prise conjointement à d'autres âmes, mais également avec l'aide d'êtres de Lumière très élevés. Le choix sera fait de se réincarner à tel ou tel endroit, d'avoir telle ou telle famille terrestre et l'âme choisit une mission de vie, un parcours de vie, des obstacles (ou pas), des maladies (ou pas). Tout est possible et libre. Comme je l'ai expliqué dans le Tome 1, j'avais choisi une vie douloureuse, tant sur le plan physique qu'émotionnel, avec une maladie grave et qui me ferait partir relativement tôt.

Tu t'es réincarnée quelques années avant moi, nous avions convenu de nous retrouver et si tu l'acceptais, de partager des moments d'Amour qui me permettraient de partir en douceur. C'est ce qui s'est produit. Nous nous étions connus plusieurs fois dans des vies précédentes et j'ai toujours choisi de quitter la Terre avant toi, afin de te guider et de t'orienter. Cette dernière incarnation que j'ai choisie a été menée à bien et m'a permis d'accéder au « dernier palier », même si je sais désormais que des niveaux encore plus élevés existent, qui sont encore plus lumineux. Les mots terrestres me manquent pour le moment.

L'âme a donc eu une vie sur Terre, avec une famille au sens propre du mot, famille avec laquelle elle a pu avoir des relations plus ou moins bonnes, voire douloureuses ou conflictuelles. Encore une fois, cela reste un choix !

Lors de la réincarnation, l'âme peut se choisir une nouvelle famille, les rôles seront souvent inversés, que ce soit masculin-féminin, frère-sœur, mari-femme. Son choix est également lié au choix des autres âmes qui vont partager sa vie ; il y a un travail de « gestion » à mettre en place. Tout est organisé à un niveau supérieur, comme un organigramme.

Le choix de l'enveloppe

Quid du choix de l'enveloppe, à savoir du corps, de la matière ? Vaste sujet. Des milliards de possibilités vont s'offrir. Cependant le corps étant de la matière, libre à l'humain de faire de « sa » matière ce qu'il souhaite, même si cela ne lui conviendra plus à un moment ou à un autre. Vous vous souvenez sans doute, si vous êtes nés il y a plusieurs dizaines d'années (voire plus lol !), de petits bonshommes en papier que l'on pouvait habiller par un système de languettes ou colorer comme on le voulait, que ce soit en fille ou en garçon, en noir ou en blanc ; l'idée est un peu similaire.

L'enveloppe est donc plus ou moins la même pour tous, après, s'agissant de matière, des disparités sont possibles et elles s'accentuent en fonction de la vie menée ; tout ce qui nous entoure contribue à modifier cette « enveloppe », parfois au détriment de l'âme et du corps qu'elle occupe. D'où les personnes qui se trouvent « trop ci, trop ça, pas assez ci, pas assez ça ». Je me suis contenté de l'enveloppe que j'avais sur Terre et j'étais heureux ainsi.

De même, certaines âmes se re-trouvent plus dans une énergie féminine, masculine, voire indifférenciée ; elles souhaiteront se réincarner à nouveau dans le même type d'énergie, ce qui se traduira donc par un corps de femme ou un corps d'homme. Cependant, il arrive que l'énergie choisie ne corresponde pas au corps, à la matière, ce qui entraîne toutes les complexités liées au « genre ». Cela n'est pas l'objet de ma communication de ce jour. Sachez que rien n'est considéré comme anomalie ou anormalité dans le sujet du « genre ».

Le choix du handicap reste un choix de l'âme avant sa réincarnation, ce choix sera partagé avec sa famille, qui l'acceptera avant la réincarnation, mais qui une fois sur Terre, l'acceptera peut être moins ou se demandera pourquoi c'est ainsi. Le choix du handicap entraîne le reste de la famille terrestre dans des incarnations compliquées, qui n'ont peut-être pas été choisies par tous les « participants ».

Qu'est-ce que la famille d'âmes ?

Si vous avez des affinités avec certaines personnes, des attirances, quelles qu'elles soient, des connaissances partagées (notamment sur le plan spirituel), mais également sur d'autres domaines, il est probable que ces personnes fassent partie de votre famille d'âmes.

Une famille d'âmes est très ancienne et procède d'une cohésion datant de plusieurs millénaires ; on pourrait également utiliser le mot « regroupement ». Les membres de ces familles d'âmes ne se retrouvent pas nécessairement à chaque vie, mais si c'est le cas, elles se reconnaissent facilement. Elles peuvent réaliser un parcours plus ou moins long, qu'il soit amical, amoureux ou familial avec le membre de la famille lors de la réincarnation. Ces liens perdurent au fil des incarnations, d'où le terme également possible de liens d'âmes.

Emmanuelle, ainsi que Lionel et moi sommes de la même famille d'âmes et un grand nombre de nos amis dans cette vie actuelle en font partie. Chacun ayant bien entendu des choses à vivre de son côté, cependant les moments passés ensemble permettent de renouer ces liens, de leur apporter un sens (dans tous les sens du terme).

La famille avec incarnation d'une âme galactique parmi des âmes terriennes.

Comme nous l'avons vu dans le Tome 1, les âmes des peuples galactiques peuvent également s'incarner sur Terre. Ce sont des âmes solitaires. De plus en plus de réincarnations viennent d'autres galaxies afin d'expérimenter un passage terrestre, qui est un des lieux les plus compliqués à vivre. La Terre étant une sorte d'« aquarium », à savoir que sans les toucher, vous pouvez observer ce que font les « poissons » à chaque moment.

Les âmes des peuples galactiques font donc un transit de leur galaxie jusqu'à notre Terre, c'est également leur choix d'incarnation ou de réincarnation. Elles sont généralement entre elles, elles ont peu de communication avec les âmes terrestres. Leurs regroupements sont un peu différents des nôtres. Bien entendu, il est tout à fait possible qu'une âme galactique vive dans une famille d'âmes terriennes. Vous avez sans doute dans votre famille ou les familles de vos amis, des individus considérés comme étant « bizarre, à l'ouest, décalés… » et autres adjectifs variés. Et bien, vous avez la réponse. D'une manière générale, après le décès, les âmes retourneront dans leur galaxie, mais elles auront le choix, en fonction des liens qu'elles auront créés avec leur famille (j'ai envie d'écrire famille… d'accueil).

L'âme d'un être galactique rejoint rarement mon au-delà, c'est néanmoins possible. Elle passera aussi par ce processus de réparation ou de régénération s'il est nécessaire et pourra acquérir un grand nombre de connaissances. Si elle le souhaite, elle pourra ensuite rejoindre l'au-delà galactique qui lui correspond, par un « système de projection ».

Michel. »

CHAPITRE 4 – LES ACCOMPAGNANTS
DE LUMIÈRE LORS DU DÉPART

Canalisation directe avec Ariane (ma grand-mère), mercredi 21 octobre 2024 à 17h23 :

« Ma chérie, que je suis heureuse de partager ce canal d'écriture ! Je te remercie de m'avoir invitée à participer à ton deuxième livre ; ta plume est très belle, cela nous ravit. Je suis là pour répondre à tes interrogations concernant mon départ, mais également mon rôle d'accueil comme tu l'as « deviné ».

Je suis partie le 21 mai 2012, rejoindre Ivan (son mari) *que j'ai tant aimé, ainsi que mon papa, ma petite sœur, mon frère, ma grand-mère et ma maman.*

Les années précédentes, vous disiez que je n'avais plus toute ma tête, car, tu dois t'en rappeler, je m'amusais bien avec Ivan, qui était bien là, assis sur un fauteuil à côté de mon lit à l'EHPAD. Tu dois te souvenir du jour où tu es entrée dans ma chambre, avec Cassandre (ma fille) *et il y avait des morceaux de gâteau éparpillés partout. Je vous ai dit que je venais de faire une bataille de gâteaux avec Ivan et qu'on s'était bien amusés. Évidemment vous ne m'avez pas* crue et avez pensé que je perdais sérieusement la tête. Je ne vous en veux pas du tout. C'est une réaction normale.

Dans les EHPAD ou maisons de retraite, les résidents sont très « entourés » et les membres défunts de leurs familles sont souvent présents, préparant le « passage ». Quand j'étais petite, on disait que les gens étaient « zinzins » ; en fait, ils voyaient juste des personnes proches défuntes.

La veille de mon départ pour ce bel univers, tous ceux que j'ai nommés précédemment étaient là, m'entouraient et cela faisait une sorte d'aller-retour vers le canal de Lumière ; puis j'ai décroché, je veux dire que mon âme est sortie de mon corps, tranquillement et Ivan m'a pris la main ; mon cœur s'est arrêté doucement.

J'avais presque 96 ans et il était temps pour moi de rejoindre ceux que j'aimais. Je savais que je te laissais une belle vie et que tu serais sortie de tes tracas. Aucun regret chez moi. En quelques secondes, Ivan et tous mes Amours m'ont entraînée et je suis arrivée dans cet univers de toute beauté, avec tant d'Amour qui en ressortait. J'ai pu communiquer, échanger longtemps avec ceux que j'aimais, puis je suis allée passer quelque temps en régénération, pas très longtemps, car *je n'avais pas été touchée par la maladie. C'était comme une petite sieste* (rires).

Je connais ta question par rapport à mes petits (ma grand-mère a perdu deux enfants, l'un mort-né, l'autre à trois semaines). C'est difficile à expliquer, ils étaient « en partie » présents et allaient se réincarner quelques années terrestres plus tard, le choix de leurs âmes ayant été de m'attendre avant de repartir.

J'ai dit « en partie » présents, car ils étaient là pour apprendre également, pour être « régénérés » et avaient néanmoins une « position » auprès d'êtres de Lumière très élevés. J'explique moins bien que Michel (rires).

J'ai toujours été très religieuse, peu importe désormais et très proche des êtres défunts et des êtres de Lumière, comme ma petite sœur. J'ai souhaité accueillir ceux qui arrivaient, pour leur expliquer le « fonctionnement » d'ici, pour les guider, les conseiller, toujours avec douceur et Amour.

(Oui, comme tu l'as été sur Terre, tellement d'Amour en toi).

J'ai suivi ton parcours, ce qui s'est passé dans ton choix de vie et j'ai su que Michel arriverait avec nous entre deux étés. Le 23 décembre 2023, j'étais là quand il a commencé à quitter son corps, j'étais là avec son papa.

J'entends déjà ta question : comment faites-vous ? vous vous présentez ? Je vais t'expliquer ma chérie.

En fait l'âme qui part retrouve des personnes qu'elle a connues, dans mon cas, j'ai choisi d'accompagner Michel et je me suis présentée (mais il m'avait vue en photo) (rires). Dans le cas des personnes qui ont eu une vie sans Amour, sans accompagnant terrestre, ce qui existe évidemment (un choix, encore…), c'est là ou des âmes comme la mienne vont intervenir. Nous sommes là autour du corps qui va « mourir », nous entourons l'âme de tellement d'Amour et de Lumière qu'elle n'a pas de craintes, puis nous nous élevons ensemble et nous lui expliquons ce qui se passe, en fonction du niveau bien sûr, de ce dont a besoin l'âme. Je m'occupe donc des départs d'âmes solitaires sur Terre, mais sans noirceur.

Voilà ma mission, mon travail si tu préfères, je ne suis bien sûr pas toute seule à faire cela, nous sommes un nombre infini d'âmes à aider ainsi. J'ai toujours beaucoup aimé aider les autres, alors tu vois je continue.

Je te remercie de m'avoir écoutée et de faire partager mon témoignage dans ton livre. Je te chéris, ainsi que mon Jean-Claude (mon papa) *et ma petite Cassandre et maintenant le petit Pierre-Louis* (mon petit-fils).

Plein d'Amour pour toi ma chérie.

Ta Tati (surnom qu'on lui donnait). »

Je suis très heureuse de cette intervention de ma grand-mère. Elle qui était si « religieuse » à mon sens, même en ayant perdu deux bébés.

Merci à elle de m'avoir expliqué ce qu'elle fait, sa mission. Je ressens très souvent sa présence dans ma maison (qui était la maison de mes grands-parents), son parfum qui passe, son énergie. Notre maison est extrêmement marquée de son empreinte, comme l'a également évoqué Michel, elle baigne dans une belle Lumière et une belle énergie.

Ma grand-mère Ariane (Tati) avec Harry,
juin 2007

CHAPITRE 5 - LES ÂMES DES ENFANTS
ET LE RETOUR À LA MAISON

Canalisation directe avec Michel, samedi 2 novembre 2024 à 8h49 :

« Aujourd'hui, je souhaiterais vous expliquer ce que deviennent les âmes des bébés et des enfants partis très tôt dans la Lumière. L'accord est encore une fois passé avant de se réincarner. La douleur qu'engendre la perte d'un enfant est énorme, disproportionnée par rapport à la perte d'un être cher adulte. C'est un choix d'âmes, c'est un choix qui englobe la famille terrestre qui va accueillir l'âme et aussi un choix de famille d'âmes.

L'âme de l'enfant reviendra dans un autre enfant à venir dans la famille, souvent avec les mêmes parents terrestres, mais elle pourra également choisir d'attendre que ses proches aillent dans la Lumière pour les retrouver et plus tard continuer le chemin en revenant dans une incarnation de la même famille.

Les âmes des enfants qui partent sont très pures et lumineuses, quel que soit le type de mort, elles passent un temps minime à l'hôpital des âmes, elles sont souvent accueillies par d'autres âmes d'enfants et par des êtres de Lumière d'un niveau très élevé.

(Image perçue : formes lumineuses étoilées).

Elles vont choisir de revenir rapidement pour retrouver leurs parents, elles recevront d'autres enseignements avant le retour ; elles seront souvent très « adaptées » ou « ajustées » au corps qui les recevra et auront beaucoup de perceptions de notre monde. Il sera possible de retrouver des similitudes évidentes entre l'enfant parti et l'enfant arrivant par la suite.

Mais comme je l'ai dit plus haut, les âmes pourront aussi attendre que leurs familles reviennent dans la Lumière et entre temps, les aider dans leur vie terrestre, leur apporter du soutien et leur permettre d'acquérir une élévation spirituelle plus importante.

Pour les fausses couches, c'est quelque peu différent : l'âme choisit de se réincarner, mais le corps (ou la matière) dans lequel elle va revenir présente une anomalie ou un souci physique ou physiologique. De ce fait, le fœtus ne peut pas vivre dans cette matière et rapidement l'âme se « décroche ».

Il s'agira très souvent d'un problème de malformation, d'un problème sanguin…

Le retour se fera alors bien plus rapidement ; l'âme du fœtus sera accueillie de la même manière, avec un grand nombre d'êtres de Lumière très élevés, restera quelque temps dans la Lumière et reviendra dans la même famille, souvent avec les mêmes parents.

Encore une fois, la douleur liée à ces départs précoces permet à l'humain d'évoluer, de lui faire comprendre beaucoup de choses et de croire en l'Infini et en l'Amour.

Michel. »

CHAPITRE 6 – LES FORMES D'AMOUR

Je me suis souvent interrogée sur les formes d'Amour existantes, à savoir l'Amour que l'on peut éprouver pour un humain, mais aussi l'Amour qui perdure pour un être cher défunt.

Par exemple, comment peut-on aimer son conjoint décédé et en même temps le nouveau conjoint avec lequel nous continuons notre vie ? C'est mon cas puisque je continue d'aimer Michel dans la Lumière, mais je me rends compte au fil des mois (cela fait maintenant presque 11 mois qu'il est parti) que l'Amour que j'ai pour lui est différent. Il est plus « apaisé », mais aussi plus « lumineux », dans une forme de douceur étrange, comme un enveloppement, un cocon.

Et je suis donc capable de partager / dissocier cet Amour pour Lionel, qui fait désormais partie de ma vie (voir Tome 1). Tout cela sans aucune difficulté, c'est simplement que je suis connectée à leur monde d'Amour et que cet Amour est en moi. Michel aura sans doute des mots plus pertinents !

Canalisation directe avec Michel, mardi 5 novembre 2024 à 9h16.

« Effectivement, l'Amour revêt plusieurs « formes » et « structures ».

L'Amour des humains entre eux a également un côté « physique » que nous ne possédons plus dans mon monde, mais nous parlerons de « fusion d'Amour » entre les âmes dans l'au-delà. Toujours cette notion d'enveloppement, mais aussi de cocon et de connexion de chakras entre eux.

Emmanuelle, je continue de t'aimer comme je t'ai aimée quand nous étions ensemble, mais mon Amour est inconditionnel, bien entendu j'approuve entièrement ton Amour pour Lionel et je le valide ; c'était mon souhait le plus cher. Quand vous perdez votre compagne ou compagnon (si tant est que vous l'avez aimé(e) dans votre vie terrestre), vous continuerez à l'aimer tout au long du restant de votre vie. Et la compagne ou le compagnon souhaitera et fera en sorte (dans de nombreux cas, nous verrons cela ensuite) que vous retrouviez un Amour durable, un Amour qui sous-entend une présence physique et palpable. Emmanuelle, tu l'as souvent mentionné dans le Tome 1, je ne suis pas palpable…

Non en effet, je peux montrer ma présence, mais je n'ai plus de matière, d'où la difficulté !

Dans certains cas, la compagne ou le compagnon parti(e) dans la Lumière, s'il est peu ou pas du tout élevé spirituellement pourra refuser que celle ou celui resté(e) sur Terre « refasse sa vie », en « plombant » ses relations, en empêchant toute rencontre de se concrétiser... Au fil du « temps » passé dans la Lumière et au fur et à mesure des paliers ou niveaux franchis, cela deviendra possible. Quoi qu'il en soit, ce nouvel Amour sera accepté et validé, l'âme ne souhaitant que le bonheur pour celle ou celui qui reste.

Il n'y a pas de regrets à avoir, pas de honte non plus ; juste accepter que les deux Amours soient possibles.

Michel. »

CHAPITRE 7 - LES PYRAMIDES

Michel souhaite aborder un tout autre sujet relatif aux pyramides, notamment aztèques et égyptiennes. En effet, que penser de ces constructions extraordinaires, de leur taille démesurée et de leur forme si spécifique ?

Canalisation directe avec Michel, samedi 9 novembre 2024 à 10h36 :

« J'aimerais vous parler des pyramides, notamment les pyramides aztèques et égyptiennes. Elles ont un lien étroit avec les univers galactiques et sont existantes depuis des milliers d'années terrestres.

Les êtres de certaines galaxies (et de la constellation d'Orion notamment) ont eu besoin d'émetteurs-récepteurs sur la Terre, à des fins d'observation de la planète. Les pyramides ont été créées à cet effet, avec des formes différentes, les aztèques et les égyptiennes ayant une structure spécifique liée aux fréquences hertziennes. La construction en tant que telle a été réalisée par des humains (Mayas ou Égyptiens ou autres selon la localisation) avec une aide galactique spécifique aux besoins. Les humains les ont créées dans un but de lien avec le Divin, mais ce but a été à double sens.

Ces pyramides sont également des portails et un « lieu de transition » d'âmes galactiques. Elles sont très puissantes en énergie ; comme je l'ai mentionné, les structures sont liées à des fréquences hertziennes et également des fréquences non quantifiables.

Il existe d'autres pyramides sur la Terre, mais quoi qu'il en soit, toutes sont alignées, formant un « anneau » (terme non approprié, mais je n'en ai pas d'autre) autour de la Terre. Elles sont plus apparentées à l'au-delà galactique, néanmoins leur énergie est pure, puissante et enveloppante. Vous pourriez nommer cela des « spots ».

Les âmes de mon monde sont plus liées à des lieux vibratoires sur la Terre, tels que des forêts, des lieux en pleine nature, mais aussi des cryptes, des lieux de culte (sans distinction de religion), présentant tous des « flèches » ou « pointes ». La forme en pointe ou la forme pyramidale sont des formes de la « géométrie sacrée » et une sorte de passerelle énergétique avec mon monde.

Michel. »

Pyramide aztèque

Pyramide égyptienne

<u>Flèche de Notre-Dame de Paris</u>

CHAPITRE 8 – LES PALIERS, LES PLANS, LES PASSAGES ENTRE LES PALIERS

Canalisation directe avec Michel, jeudi 14 novembre 2024 à 15h17 :

« Aujourd'hui et par l'intermédiaire d'Emmanuelle qui s'efforce de retranscrire au mieux ce que je lui dis (si rapidement et sans m'arrêter (lol)), je souhaite expliquer plus en détail les notions de paliers, de plans et de passages.

Comme je l'ai précisé dans le Tome 1, il existe plusieurs paliers dans l'ascension vers la Lumière et l'Amour les plus purs. Quand un humain décède, il accèdera à tel ou tel palier en fonction de son élévation spirituelle et de ce qu'il a pu faire sur la Terre. Pour les humains qui pensaient qu'il n'y avait plus rien après la mort, quand leur âme quitte leur corps à l'arrêt du cœur et même si elle perçoit celles et ceux qui sont venus la chercher, elle ne comprend pas ce qu'il se passe et ce qu'elle fait là.

Il existe une notion de « flottement » et l'âme va continuer à errer dans un monde qu'elle ne connaît pas ; ses proches, grâce à des pensées de Lumière, peuvent lui permettre d'accéder à ce premier palier.

Pour schématiser, c'est comme si l'on se trouvait dans un immeuble à 12 étages (12 paliers) et si votre frère habite au 8ème et votre maman au 3ème, votre frère a néanmoins la possibilité de venir voir votre maman, quant à l'inverse, votre maman pourra juste entrapercevoir le palier de la porte de votre frère.

(J'ai compris que les âmes peuvent se retrouver, quel que soit le niveau ou palier, mais que si l'âme cherche à monter d'un ou de plusieurs paliers, ce sera très difficile et elle n'aura pas de perception ni de vision de ce qui se passe sur cet autre palier).

Les passages entre les paliers sont assez simples, les « occupants » des paliers les plus élevés pouvant descendre, l'inverse étant plus compliqué.

L'âme ne peut pas passer tous les paliers d'un coup.

(En fonction des personnes évidemment, cela dépend du niveau spirituel, Michel a bien précisé qu'il avait franchi tous les paliers d'un coup).

Lors du décès, les êtres chers qui vont venir vous chercher vont rester un long moment avec vous, l'Amour qui en ressortira sera magnifique. Ils pourront rester au palier où se trouvera l'âme, puis revenir la voir s'ils sont à des paliers différents. Tous les passages sont possibles, les « visites » peuvent parfois être brèves si les différences de palier sont importantes. Plus les paliers sont élevés, plus la spiritualité l'est également, plus les possibilités de connaissances deviennent infinies. J'étais déjà sur Terre dans un chemin spirituel élevé et je me suis retrouvé tout en haut de l'immeuble, sur le roof top (rires de Michel).*

Les plans sont plutôt des dimensions, comme je te l'ai souvent dit, Emmanuelle, il est très facile pour moi de venir te voir, nos mondes étant « superposés » ; dans ce cas, il s'avère que je change de plan, je change de dimension. Je passe d'une dimension d'énergie à une dimension d'énergie et de matière.

Je n'ai personnellement pas de problèmes à m'y intégrer, mais certaines âmes vont se « heurter » à cette matière, bien évidemment pas de manière douloureuse, mais cela leur coupe littéralement l'énergie. Il est plus facile pour les âmes d'accéder à la nature, la mer, le désert, la matière étant un « milieu semi-hostile ». Encore une fois, ta maison est dans les bois, dans la nature, son environnement est très pur et les âmes qui y passent se sentent bien.

J'ai essayé d'expliquer le plus clairement possible.

À l'infini pour toi…

Michel. »

CHAPITRE 9 – RÉSUMÉ À MI-CHEMIN

Au fur et à mesure de ces canalisations, j'essaie de me faire petit à petit une idée plus précise du monde de Michel, c'est comme s'il fournissait de nombreuses pièces d'un gigantesque puzzle, que j'assemble petit à petit.

Je comprends mieux le processus de la vie.

L'arrivée (la naissance) a été décidée avant, notamment en ce qui concerne la famille dans laquelle on va arriver : la même famille terrestre, mais le plus souvent avec des « rôles » inversés, la famille d'âmes ou toute autre famille.

La vie à mener avec tout ce que l'on a choisi pour avancer, mais aussi les obstacles, les maladies, les douleurs.

Le chemin que l'on peut emprunter ou choisir de ne pas emprunter, voire en dévier totalement.

Les choix de vie.

Les rencontres faites au fil de la vie, la sensation d'appartenir à un « groupe », de déjà connaître certaines personnes.

Le décès, quand l'âme quitte son corps. Si l'on a été dans le déni total de toute existence après la mort, la stagnation dans un lieu sans sortie, sans réponses.

La rencontre avec des êtres chers défunts, le passage à « l'hôpital des âmes » pour être régénéré.

L'accès à tel ou tel palier en fonction de l'élévation spirituelle.

La montée de ces paliers au fur et à mesure des apprentissages.

La notion qu'il existe des paliers bien plus élevés.

Le choix de réincarnation et le retour.

Grâce à Michel, je comprends mieux l'existence des êtres d'autres galaxies, qui possèdent également un au-delà, mais aussi la réincarnation d'âmes galactiques en terriens.

Son monde n'a jamais été aussi proche du mien, j'ai conscience de vivre « avec » lui et avec d'autres âmes de ma famille, même si le mot n'est pas exact. Chacun vaque à ses occupations comme une famille « normale », ils sont là sans y être, ils sont tout près, mais invisibles et impalpables. Michel est l'interprète « en chef », il coordonne également beaucoup de choses. Je me rends compte à quel point « ils » ont des capacités d'aide, pour des choses simples ou plus complexes.

Michel agit sur tous les plans, il est toujours présent pour ses amis restés ici. Et pour moi, il soulève des montagnes, tout en restant drôle et facétieux comme il l'était.

Je continue ma vie et mon parcours, avec la sensation d'être toujours épaulée (si je le souhaite) évidemment et les nombreux signes qui jonchent mon chemin.

Je poursuis la mission de ce livre et du précédent qui, je le rappelle, doivent aider les gens en deuil, leur montrer que les défunts sont bien là et que la tristesse ne doit plus faire partie du quotidien.

Pour tout ce que tu fais pour moi, Michel, je te remercie à l'infini, je n'ai pas de mots pour cela, juste MERCI.

Michel, été 2021

CHAPITRE 10 – LES SOINS ÉNERGÉTIQUES ET LA TRANSMISSION D'ÉNERGIE

Canalisation directe avec Michel, jeudi 14 novembre 2024 à 15h17 :

« Aujourd'hui, nous allons aborder ce qu'on appelle les soins énergétiques. J'ai connu, avec toi, Emmanuelle, un grand nombre de personnes pratiquant diverses formes de soins énergétiques, pour lesquelles un nombre fort important de dénominations existe.

Nous nous sommes formés au LaHoChi, certains de nos amis sont formés au Reiki, aux soins d'Isis, aux soins Esséniens et bien d'autres encore.

Pour clarifier, il existe une Énergie supérieure (énergie du grand tout, de l'univers) qui peut se subdiviser en de multiples énergies, de puissances différentes et avec des orientations et des supports différents. Certains soins énergétiques sont liés à l'énergie féminine supérieure et d'autres à l'énergie masculine supérieure.

À chacun de choisir celle qui lui convient le mieux. Emmanuelle et moi avons beaucoup aimé l'énergie LaHoChi et ce qu'elle apportait. C'est une énergie féminine.

Bien entendu, chacun est libre d'utiliser plusieurs énergies, Emmanuelle et moi avons toujours associé l'énergie de Marie à nos soins, avec le LaHoChi. Les soins d'Isis sont quelque peu différents, à savoir qu'ils utilisent une énergie « galactique », qui est d'ailleurs très pure, mais qui ne fait pas partie de la subdivision mentionnée auparavant. De nombreuses autres formes d'énergie existent, la Flamme Violette en est une également.

Ces énergies sont transmises par ce qu'on appelle des Maîtres ascensionnés (êtres de Lumière supérieurs qui ont pu être incarnés), mais elles peuvent également être transmises par des Archanges (ou êtres de Lumière supérieurs et non incarnés) ainsi que d'autres énergies.

Comment cela fonctionne-t-il ?

Bien souvent, le magnétiseur ou celui qui pratique les soins énergétiques appose ses mains sur une personne, un animal ou une photo. Il a auparavant demandé à telle ou telle énergie de guérir ou de soigner celle ou celui qui se trouve sous ses mains ; la demande étant instantanément perçue par l'énergie en question, cette dernière envoie un flux (comme un tube ou un canal lumineux) par le chakra coronal du magnétiseur ou de celui qui pratique les soins. Ce dernier a donc toutes les possibilités en main pour diffuser ce flux sur la personne devant lui.

<u>*Pourquoi cela ne fonctionne-t-il pas parfois selon les personnes ?*</u>

On ne peut pas tout guérir, tout soigner et chaque humain doit expérimenter certaines douleurs ou certains problèmes ; ce peut être une explication. Il est également possible que le magnétiseur ne diffuse pas correctement ce qui est envoyé, parce que sa « matière » en capture une partie. L'ego et le cerveau ne doivent également pas entrer en jeu, car ils fausseraient également cette diffusion de flux.

Michel. »

Depuis le départ de Michel il y a presque 11 mois, je lui demande d'intervenir pour chaque soin énergétique que je pratique. J'utilise toujours l'énergie LaHoChi parce qu'elle me correspond, mais j'appelle Michel qui passe littéralement par mes mains, comme s'il les traversait, pour « appuyer » ce que je fais. Ses capacités sont importantes et les soins pratiqués conjointement sont devenus encore plus efficaces.

« Les défunts ne sont pas tous aptes à aider pour des soins énergétiques, j'avais déjà certaines capacités sur Terre (du moins je crois, lol) et les formations entreprises m'ont bien aidé. Il est préférable de demander à des êtres de Lumière ou à des énergies bien spécifiques d'aider dans les soins.

Michel. »

Ma Tati (grand-mère) à laquelle j'avais plusieurs fois demandé de l'aide il y a quelques années, m'avait indiqué qu'elle n'avait pas vraiment de capacités pour guérir les autres et qu'elle ne pouvait pas m'apporter de l'aide à ce niveau (mais elle avait été infirmière dans la Croix-Rouge pendant la guerre…, cherchez l'erreur !).

CHAPITRE 11 – LA MÉDIUMNITÉ ET LA VOYANCE

Nous allons aborder le thème de la médiumnité et de la voyance.

L'une de mes grand-mères tirait les cartes et parlait aux défunts ; ayant baigné dans ce monde depuis petite, rien ne m'étonne.

Au lycée et à l'université, je tirais les cartes à mes copines. J'ai ensuite verrouillé tout cela.

En 2018, après ma formation au LaHoChi, j'ai commencé à « savoir » des choses à l'avance, sans trop y prêter attention d'ailleurs. Puis j'ai commencé à faire de l'écriture (écriture automatique, je préfère la nommer écriture médiumnique), en communiquant avec mon guide (merci à lui, il s'appelle Théodore). Cela s'est fait naturellement, facilement et avec les protections des êtres de Lumière et de ma grand-mère.

Mon guide se connecte au(x) guide(s) de la personne qui vient me consulter et me transmet des messages, des informations en répondant à ses questions.

En termes de temporalité, Théodore est assez précis, ce qui n'est pas forcément le cas de tous les guides.

Dès son départ fin décembre 2023, Michel a utilisé ma main pour me transmettre des informations et c'est désormais lui qui me guide, qui me fait écrire et qui répond aux questions de mes consultants. Théodore est là bien sûr, peut-être moins fréquemment ; il semblerait qu'il ait d'autres missions.

Michel a une très bonne temporalité, je peux le constater au fil du temps et grâce aux retours de mes consultants.

Je lui laisse la parole.

Canalisation directe avec Michel, vendredi 15 novembre 2024 à 14h54 :

« Me voici à nouveau, afin d'expliquer comment fonctionne ce processus de « prédire l'avenir » ou de transmettre des messages.

La prédiction a toujours existé, en utilisant toutes sortes de manières variées et parfois incongrues.

La médiumnité relève d'une connexion avec des guides, des défunts, des êtres de Lumière qui transmettent des informations au médium. Le mot « médium » provient du latin « medium » qui signifie milieu intermédiaire. Emmanuelle est donc simplement une intermédiaire entre deux personnes qui souhaitent se parler. Les informations et les messages qui vont être transmis au médium ne seront pas forcément clairs pour ce dernier ; il peut s'agir de « visions », de paroles... Les visions (ou flashs) doivent être décryptées par le médium, les paroles entendues (généralement non audibles) doivent être retransmises, mais le cerveau peut rapidement inventer d'autres informations, déformer ce qui a été entendu... Les lecteurs comprendront donc qu'il ne s'agit pas d'un processus exact ni précis, selon le médium qu'ils consulteront.

La connexion que j'ai avec Emmanuelle est parfaitement fluide, même si au fil des mois, je dois répéter ou expliquer de manière plus directe, afin qu'elle avance sur le livre. Nous sommes liés par le cœur, le chakra du cœur, mais aussi par les autres chakras, ce qui facilite grandement cette connexion.

L'écriture médiumnique permet donc de transmettre ces messages et de guider sur l'avenir, mais cela peut se faire directement, sans écrire.

Il est également possible d'utiliser des supports, tarots, oracles, boule de cristal, runes et bien d'autres. Il s'agira plus de voyance ou de cartomancie, cela restera une interprétation… bonne ou mauvaise…

Comme je l'ai déjà évoqué, la notion de libre arbitre sera toujours présente dans la plupart des cas, personne ne peut vous forcer à faire telle ou telle chose, à aller dans telle ou telle direction.

Il y a 3 ans, Emmanuelle aurait pu choisir une autre direction (voir Tome 1). (Et je ne te remercierai jamais assez pour ce que tu as fait pour moi).

Michel. »

CHAPITRE 12 – LES UNIVERS GALACTIQUES, LES AU-DELÀS GALACTIQUES

Canalisation directe avec Michel, samedi 16 novembre 2024 à 15h23 :

« Je vais quelque peu aborder le thème des univers galactiques et de leur au-delà. Je suis toujours en train d'étudier, d'enrichir mes connaissances à ce sujet. Tout est si vaste et si complexe. Il existe des milliards d'autres galaxies qui font partie du Grand Tout. Elles ne sont pas reliées entre elles, des « occupants » diversifiés s'y trouvent.

En fonction des galaxies et des systèmes solaires ou non solaires inhérents, des « visites » vers notre Terre sont possibles, au moyen de ce que vous appelez « OVNI ». Effectivement des objets volants, souvent sphériques, lumineux et utilisant des fréquences qui les rendent indétectables.

J'ai peu d'informations sur les vies dans ces univers. Certaines planètes des systèmes de ces galaxies sont très « organisées », en d'autres termes (je vais vous faire rire), ce n'est pas le bazar comme sur Terre. D'autres le sont moins, mais restent à dominance « propre » et « pure ».

Il existe bien sûr des au-delàs galactiques ; ils sont différents de mon monde ; j'ai expliqué précédemment que des âmes galactiques peuvent se réincarner en humains. Elles choisiront cette incarnation pour expérimenter et pourront ensuite rejoindre leur au-delà (par un système de « projection » différent de la « montée » d'une âme terrestre) ou rester dans notre au-delà. En fonction de la famille terrestre qui les aura accueillies ou même de la famille d'âmes, leur choix restera entier.

Les passages entre mon monde et un au-delà galactique se feront également par « projection ».

(Je comprends qu'il parle de l'âme galactique et de son passage entre le monde de Michel et l'au-delà galactique et non de l'âme terrestre).

L'au-delà galactique permet également d'apprendre, d'enrichir ses connaissances ; il comporte également une notion de « science, de physique et d'atomes » très importante.
Michel. »

CHAPITRE 13 – LES NIVEAUX DE CONSCIENCE PLUS ÉLEVÉS

Canalisation directe avec Michel, mercredi 20 novembre 2024 à 15h02 :

« Aujourd'hui, j'aimerais aborder les niveaux plus élevés. Je commence seulement à atteindre ces « lieux » où je me sens tellement bien. Comme je l'ai expliqué, il existe 12 paliers ou niveaux, où chaque âme arrive en fonction de son niveau spirituel, de son avancée sur le chemin de la Lumière et de l'Amour.

Au fil du « temps », l'âme va évoluer, apprendre, enrichir ses connaissances, mais elle va aussi aider ses proches qu'elle aimait, se tourner vers certaines missions d'aide à ceux qui sont restés sur Terre.

L'ascension de ces paliers peut être très lente, voire stagner, pour d'autres âmes elle peut être très rapide.

Il est également possible d'attendre que ceux que l'on a aimés franchissent à leur tour ces paliers pour que toute une famille se retrouve.

Je pense m'être retrouvé au dernier palier dès mon « arrivée », du fait de mon élévation spirituelle vers laquelle toi, Emmanuelle que j'aime, tu m'as entraîné doucement.

L'attirance des Êtres de Lumière supérieurs (Archanges, Maîtres ascensionnés, mais aussi ce que l'on peut appeler « Divinités ») a été très forte, puissante, c'est comme s'ils m'avaient « happé » (dans le sens positif du terme évidemment).

Je suis et resterai « Michel », mais je fais partie d'un Tout Lumineux.

(À ce stade, la communication devient plus complexe pour moi, un mélange d'images et de paroles de Michel. Les mots que je pourrai utiliser pour décrire sont : tourbillon, lumineux, aimanté ; la forme montrée étant une forme (ressemblant à l'humain) en sable (ou particules), dont les grains s'éparpillent, tourbillonnent et reviennent en place pour re-former la forme).

« Ce Tout Lumineux fait partie d'un encore plus Grand Tout Lumineux, « Nos » possibilités sont infinies, « Nous » recréons de la matière dans l'énergie. J'ai conscience

que ce que je te dis est fort complexe pour un humain. Partager mon Infini avec toi me permet de te faire avancer et évoluer.

Le Tout Lumineux fait partie du quotidien de certains Hindous, une fois qu'ils ont tout épuré.

(Image d'Ashram en Inde et du Mahatma Gandhi).

Le Mahatma Gandhi est une parfaite représentation d'un niveau de conscience des plus élevés.

Ces niveaux de conscience permettent de réparer la matière et l'énergie, la matière pouvant être la Terre dans son ensemble, l'énergie étant « l'impalpable » qui l'entoure. Ils sont différents des paliers que j'ai évoqués, nous sommes à un autre niveau. Comme tu le vois, je progresse de plus en plus, mais je peux sans problème te rejoindre et agir pour toi.

À toi à l'infini.

Michel. »

La veille de cette canalisation, j'avais dû passer des examens ophtalmologiques fort pénibles et douloureux pour moi. Pensant que quelque chose pouvait être désaxé par rapport à mes champs d'énergie, j'ai demandé à Gilles (cf. Tome 1), qui m'avait déjà aidée à réaligner ma fréquence avec celle de Michel.

Gilles m'a indiqué qu'il y avait un décalage à la suite de ces examens et a tout recalé.

Michel m'a demandé de poursuivre l'écriture du livre et encore une fois, le résultat a été à la hauteur (paroles et visuels m'ayant emmenée très loin…).

CHAPITRE 14 – L'ACCIDENT DU 28 NOVEMBRE 2024

Ce petit chapitre écrit conjointement avec Michel va exposer les notions de protection lors d'accidents, quel qu'en soit le degré.

Ce 28 novembre 2024, je rentre chez moi après avoir déjeuné avec une amie. La route est assez fréquentée à cette heure, je suis prudente comme à chaque fois sur la route, mais à un certain moment, un conducteur va me couper la route et provoquer une collision.

Au moment où je le vois, je « sais », mais ce sera trop tard.

Michel : *« Je t'ai dit « Attention », mais effectivement tu ne pouvais plus rien faire, j'étais à tes côtés dans la voiture, car je savais qu'une collision se produirait ce jour-là. Tu as vu la « Lueur », c'était bien moi, j'ai dévié l'axe de la course de l'autre voiture. »*

Je m'en tirerai avec quelques hématomes. Ma voiture (du matériel !!) est bonne pour la casse. Je te remercie Michel, de m'avoir protégée ; tu es à mes côtés à chaque instant.

<u>Comment procèdent-ils lors d'accidents (de voiture ou autres)</u> ?

« Les guides qui suivent leur humain savent que certains accidents (ou chutes ou blessures…) vont se produire, sans pouvoir cependant les définir dans le temps. Emmanuelle, tu avais eu un avertissement (c'est exact, quelques semaines avant, un camion avait déboité devant moi et le freinage d'urgence avait fonctionné. Je savais qu'il fallait faire attention).

Comme je l'ai déjà mentionné, nous pouvons intervenir à la vitesse de la lumière, j'ai le « film de ta vie » devant les yeux, j'étais immédiatement dans ta voiture lors du choc.

Vous, lecteurs, avez certainement fait face à des chutes et vous vous êtes « rattrapés » au dernier moment ou vous avez « failli » avoir un accident et la situation s'est inversée immédiatement. L'intervention des guides permet d'éviter au moment voulu des chocs très graves. Cependant le choc peut être présent et il sera atténué, les conséquences pouvant être différentes d'une personne à une autre.

Je précise à ce stade qu'il est bien de demander à son guide, aux Anges, Archanges ou êtres de lumière de vous protéger dans votre vie quotidienne, les « possibilités » des uns et des autres étant différentes.

Encore une fois l'accident reste un phénomène entre vous (énergie) et la matière (même votre escalier représente la matière). Parfois ces accidents seront prévus, pour diverses raisons, mais ils permettent de faire le point sur soi-même.

Les accidents très graves qui entraînent une situation de handicap par exemple indiquent qu'il faut modifier beaucoup de points dans la vie et se transformer pour aller vers autre chose. La leçon sera comprise… ou pas…

Sachez que vos guides vous protègent (vos défunts également, en fonction de leur « niveau », peuvent apporter leur protection), ils sont là auprès de vous, n'hésitez pas à demander, c'est important.

Michel. »

CHAPITRE 15 - LA NOTION DE DÉJÀ-VU

Canalisation directe avec Michel, mercredi 4 décembre 2024 à 13h33 :

« La notion de déjà-vu, qu'est-ce que c'est ? Vous vous trouvez face à une personne qu'il vous semble connaître ou dans un lieu dans lequel il vous semble être déjà allé. Ce n'est pas qu'une impression effectivement.

Il vous est sans doute arrivé de croiser, de discuter même avec une personne qu'il vous semble connaître, or ce n'est pas le cas.

Il s'agira de « mémoires », des mémoires d'autres vies, des bribes de mémoires qui sont restées en vous lors de votre ré-incarnation. Que reste-t-il d'une précédente vie lors de la nouvelle incarnation ? La nouvelle incarnation va ressembler à un grand saut dans l'inconnu, avec peu de bagages (lol !).

Si l'on reste dans le concret, à quoi cela vous servirait-il de vous trouver dans votre nouvelle vie, en sachant que vous avez été telle ou telle personne, que vous avez fait telle ou telle chose, en bien ou en mal d'ailleurs…

À peu de choses… Vous allez choisir votre nouvelle incarnation avec la famille d'âmes ou la famille terrestre avec laquelle vous souhaitez continuer le chemin ou avec laquelle vous avez encore des choses à vivre ou à faire, chacun reviendra avec les mémoires passées en lui et ces mémoires ressortent de temps à autre.

L'explication simple que je peux fournir est que le cerveau est un lieu de stockage et il peut « lâcher » quelques informations, un peu comme un pull en maille où certaines mailles lâchent.

Cette notion de déjà-vu peut se retrouver également dans les lieux, à savoir que vous êtes déjà passé dans un lieu dans une précédente vie et vos mémoires se « recollent » avec les mémoires du lieu en question.

La sensation de bien-être ou de mal-être dans certains lieux ou vis-à-vis de certaines personnes relève du même processus. Les lieux sont chargés d'histoire, les personnes sont chargées de leurs anciennes vies, à la différence près que les personnes ne possèdent quasiment plus le souvenir des vies passées, en revanche les lieux recèlent des couches différentes d'énergies au travers des siècles.

Et ils ne perdent pas ces différentes couches. Vous pourrez comparer cela à des épaisseurs de papier peint sur des murs, collé au fil du temps en n'étant jamais décollé.

Chez toi, Emmanuelle, nous sommes sur un lieu très riche en énergie de Lumière, en énergies positives, il s'agit d'un ancien lieu druidique, mais qui présente également une civilisation bien plus ancienne ; certaines pierres dans ton jardin en ont les traces.

<u>Une petite parenthèse nécessaire ici</u> :

Créer de nouveaux espaces utilisables par l'humain sur des terres ou territoires à prendre sur la mer, sur les océans ou les forêts détruit une partie des énergies de ces lieux. La mer représente une ressource très riche à tous niveaux et elle peut récupérer sa place.

D'autres événements climatiques se produiront au cours des prochaines décennies, le retour à la « normale » n'interviendra que plus tard.

Ma douce Emmanuelle, tu retrouves petit à petit des personnes que tu as connues dans d'autres vies et tu as bien plus souvent cette notion de déjà-vu, déjà-connu.

Michel. »

CHAPITRE 16 – LE TEMPS ET LES AXES DE ROTATION

Canalisation directe avec Michel, lundi 16 décembre 2024 à 17h12 :

« Aujourd'hui, je souhaite expliquer cette fameuse notion de temps, qui « fait défaut », selon les humains. Qui parmi vous n'a pas attendu désespérément qu'une situation se débloque, attendu de rencontrer un compagnon ou une compagne ? Les voyants ou médiums disent souvent, le temps n'existe pas ou bien nous n'avons pas de notion de temps.

Qu'est-ce que le temps ?

Le temps procède d'un « découpage » lié à la rotation de la Terre autour du Soleil et de sa rotation sur elle-même, ce qui permet de nommer cela en jours et en heures.

Nous, dans notre monde, ne sommes pas concernés par cette rotation. Notre dimension est autre, en parallèle comme je l'ai déjà indiqué. Ces deux mouvements de rotation n'ont pas d'impact à proprement parler sur notre vie dans l'au-delà ou sur ce que nous faisons.

Nous ne sommes pas sur Terre, nous sommes dans une dimension parallèle, comme si vous aviez une image en 3D avec une autre image en 3D qui s'imbrique dans la première.

Ces notions sont très complexes, j'essaie d'expliquer au mieux.

Pour schématiser cette notion de temps, imaginez deux trains à l'arrêt dans une gare. Le premier démarre, ce qui fait croire aux passagers du deuxième train qu'ils sont également en mouvement, alors que c'est faux. C'est un peu l'idée que je souhaite transmettre.

J'ai toujours une bonne notion de temporalité, car j'arrive à me « fondre » dans cette rotation de la Terre (autour du Soleil), ce qui me permet de donner des dates (approximatives) en mois ou années. Ce n'est pas forcément le cas d'autres guides ou êtres de Lumière, cela dépend.

Emmanuelle, tu aimes bien que je réponde à tes questions de « Quand ? » de manière précise, je fais au mieux (lol).

Dans notre monde, nous avons les saisons ou la météorologie que nous souhaitons. Tout est possible.

Personnellement, j'aimais bien les saisons intermédiaires, par leurs couleurs et la floraison. Mais l'été m'apportait beaucoup également.

Nous vivons au travers de différentes couches ou strates de « saisons » différentes, accessibles facilement. C'est la première fois que j'en parle ici. Ces strates permettent de changer de saisons, de modifier des paysages à l'infini et d'explorer la nature si riche qui nous est offerte.

D'ailleurs, je voudrais préciser que de nouvelles espèces florales apparaîtront sur Terre d'ici quelques années, de manière naturelle. La nature reprendra alors certains « droits ».

Quand je suis avec toi en ce moment, ma douce Emmanuelle, je sais bien que c'est l'hiver et qu'il fait froid, je transite donc entre deux saisons, le printemps étant ce qui me plaît le plus.

Vos compagnons à quatre pattes n'ont pas cette notion de temps. Ils savent ce qu'est le jour et ce qu'est la nuit. Emmanuelle dit souvent à nos compagnons chats « Maman revient bientôt » (je pense que Michel se moque de moi à cet instant). Or, « bientôt », « demain » ou « la semaine prochaine » n'ont aucun sens pour eux. Les compagnons (animaux de compagnie pour Michel) *ne se posent pas de questions de type existentielles, est-ce que j'aurais ma pâtée, mes croquettes, à quelle heure mon « humain » va revenir ?*

Ils savent que tout est juste, ils sont dans l'Amour et ne portent pas de jugement. Ils n'ont pas d'attente (alors que vous sur Terre êtes en permanence dans l'attente de quelque chose).

« Attendre » implique de se fixer sur ces axes de rotation et d'être enchaîné à leur mouvement. « Ne pas attendre » vous raccroche à vos guides qui sont dans la même intemporalité et par un effet d'entraînement, libère ces énergies de temps. J'ai conscience de dire des choses fort complexes…

Heureusement ma traductrice préférée est là (mon premier métier) *!*

Michel. »

CHAPITRE 17 – IL Y A UN AN –
23 DÉCEMBRE 2024

Comme je l'avais expliqué dans le Tome 1, en fin d'année 2023, ta santé a commencé à se dégrader, tu as dû subir de nombreux examens et de nombreuses hospitalisations.

Je revis, comme un film que l'on repasse, tes derniers instants de décembre 2023.

Depuis quelques jours, tu es très fatigué, épuisé même, cependant tu ne me dis pas toute la vérité et j'évite de te poser des questions.

Le 21 décembre au soir, je dois appeler le 15, l'ambulance arrive rapidement, mais elle doit appeler le SMUR, car tu as beaucoup de mal à respirer.

Dans la nuit, tu fais trois arrêts cardiaques. Ma visite en réanimation le 22 décembre me laisse glacée et sans espoir.

Le 23 décembre à 01h10, ton âme quitte définitivement ton corps tellement fatigué par ces mois de maladie.

Dans le Tome 1, tu racontes ce qui s'est passé.

« *Quand j'ai quitté mon corps physique, c'était le 23 décembre 2023 à 01h10. Cependant depuis la semaine qui précédait, j'avais eu de petits instants où j'avais l'impression de « décrocher » et je t'en ai parlé plusieurs fois. Quand je suis arrivé à l'hôpital, j'ai été pris en charge rapidement, mais ma respiration était très difficile. Mon cœur s'est arrêté d'un coup et j'ai été projeté au-dessus de mon corps, Marie ou l'énergie féminine était là, mon papa aussi et ta grand-mère.*

À ce moment-là, je ne comprenais pas bien, mais j'étais entouré d'un cocon d'Amour. Ils ont réussi à me faire retourner dans mon corps après quatre minutes, j'en suis ressorti, puis il m'a semblé flotter autour de mon corps. Je n'étais donc pas déclaré « décédé », mais je n'étais plus dans le corps. Tu es venue me voir, tu m'as longuement parlé, j'étais à tes côtés, je t'embrassais, mais tu n'en avais pas conscience.

Je reste ainsi quelques heures et mon cœur s'arrête à 01h10. Je reste encore quelques secondes et d'un coup, je suis catapulté dans cet océan de lumière et d'Amour pur, avec ceux que j'avais entraperçus en réanimation. Le bonheur, l'Amour sont immenses et instantanés, je comprends que je suis « mort », mais finalement bien vivant et je sais aussi que toi que j'aime, tu vas vite comprendre et t'en sortir. Je ne désire qu'une chose à cet instant, c'est t'aider, t'accompagner et être à tes côtés tout au long de ta vie terrestre. Cela va être possible, je me souviens de tout, de nos accords passés avant de revenir, tu avais choisi de m'accompagner jusqu'au bout pendant trois ans et de vivre une séparation avec l'homme que tu aimais. Il était d'accord et chacun devait évoluer à sa manière, grâce à cet accord passé entre nous trois. »

Un an après, même si les souvenirs et les « scènes » sont là et intactes, c'est avec un autre « point de vue » que je les considère.

Il n'y a plus de peine, de tristesse en moi depuis longtemps, uniquement de l'Amour, de la joie et du bonheur pour toi, pour ta nouvelle vie et tout ce que tu peux découvrir, apprendre, faire et créer. Tu avais tellement d'envies, de soif d'apprendre qui peuvent désormais être assouvies.

Tu es auprès de moi à chaque instant, tu continues de m'aider dans ma vie quotidienne, tu gères à ma place des choses compliquées pour moi, mais aussi mon agenda et mes rendez-vous, ce qui est très pratique !

Tu mets sur ma route les bonnes personnes et tu éloignes celles qui ont des pensées négatives ou qui ne m'apportent que du négatif. De belles rencontres ont lieu, un nouveau cercle d'amis se met en place et des connaissances toujours enrichies me permettent d'évoluer.

Et Lionel, bien sûr, si présent et si aimant, comme tu l'as souhaité et pour suivre « l'accord » que nous avions passé avant de nous réincarner.

Tu m'as appris tellement, tu m'as apporté tant de richesses et grâce à toi, je peux apporter du soutien aux personnes en deuil, les aider par cette lecture, à avancer et à dépasser leur chagrin. Tu me l'as tellement dit et répété :

« Le désespoir et la tristesse de ceux qu'on laisse m'ont rendu très triste et m'ont fait de la peine…

La tristesse s'en ira et tu penseras toujours à moi avec la plus grande joie… »

Un an après, je continue de vivre avec toi et pour toi, comme tu le fais, c'est juste différent et magnifique en même temps, c'est un apaisement de chaque instant, toujours beaucoup de joie en moi et tes clins d'œil toujours si nombreux.

Ne pleurez pas, ils seront toujours là, avec nous !

Canalisation directe avec Michel, lundi 23 décembre 2024 à 15h30 :

« Ma douce sirène, qui aurait pu dire qu'un an après tu serais en train de me parler… à distance, en train de raconter ma vie, notre vie, sur un clavier d'ordinateur.

Et pourtant… Cela devait être ainsi, selon notre accord entre Toi, Lionel et moi. Tu l'as parfaitement compris et assimilé ; la trajectoire que nous choisissons avant notre réincarnation est modifiable, variable et permet différentes possibilités ou « options ». Nous avons exactement réalisé ce qui était prévu et pour cela, encore une fois, je te remercie.

Que s'est-il passé pour moi pendant cette année ? « L'année » en question est en fait un déroulement linéaire hors du temps et dans un espace collé au tien. Le temps étant une notion « fabriquée », comme je l'ai expliqué plus haut.

J'ai franchi, sans m'y arrêter, tous les paliers de lumière pour arriver au point le plus élevé (encore une fois grâce à toi, grâce au développement de notre spiritualité sur la Terre).

J'ai pu acquérir et je continue d'acquérir un grand nombre de connaissances dans des domaines aussi variés que la science, les plantes, les galaxies, le renouveau des âmes… Autant de sujets qui me passionnent. J'ai accès à toute la connaissance qui s'imprègne facilement en moi.

J'ai fait un grand nombre de nouvelles rencontres, des âmes qui sont dans le même cheminement que moi, mais aussi des êtres très élevés qui ont une forme de pensée différente.

Des galaxies nouvelles émergent, j'étudie les contacts entre certaines galaxies et ton monde, leurs diffusions et les canalisations possibles avec leurs « peuples ».

J'ai retrouvé de nombreux compagnons (animaux), ceux qui étaient avec moi lorsque j'étais agriculteur, ceux que j'ai connus avec toi, leur sagesse est immense.

Je parcours la Terre et ses paysages, sa nature, sa richesse ; mon monde est parallèle et me permet de créer à volonté.

Je suis toujours souriant et heureux comme je l'ai été et avec cette envie d'aider mes amis, nos amis au fil des jours.

Je vais souvent rendre visite à ton amie Isabelle et son grand-père m'accompagne. Je sais que tu souhaites me voir comme me voit Isabelle, mon image passe bien à travers le prisme.

(Cf. Tome 1 « Je dois projeter ma lumière, mon énergie, par un prisme qui te renvoie mon image…

Emmanuelle, tu me verras, tu y arriveras, mais je travaille également sur mon prisme, pour que cela te soit plus facile… »)

Il te faut lâcher certains verrous de ton esprit, petit à petit, tu y arriveras. Tu sais que je suis là, tu vois mon sourire, c'est déjà bien !

Je t'emmène fréquemment au début de ton sommeil, tu te laisses emporter et nous atteignons des endroits où tu peux revoir ceux que tu as aimés. Cela reste un peu flou pour toi, mais patience, cela deviendra plus précis et plus net.

Ah, je suis tellement heureux pour toi, ce sera mon cadeau pour mes « 1 an ».

(À l'instant où j'écris ces mots, un mail arrive me proposant une interview pour un magazine, interview qui se fera ce jour, 23 décembre 2024. Je pourrai ainsi bénéficier d'un bel article permettant de faire découvrir le Tome 1. Encore une fois, je me demande « mais comment fais-tu, comment rends-tu les choses, les événements possibles dans la matière ? Et surtout comment arrives-tu à programmer ces événements à une date bien précise, sachant que le temps est juste une notion… »)

Ce n'est que le début, tu le mérites, je te suis tellement reconnaissant pour tout, pour ce que tu m'as apporté, ce que tu m'as permis de réaliser et pour ce que je suis maintenant.

Je t'aimerai éternellement, on se retrouvera en « face à face » quand, dans fort longtemps, tu rejoindras mon monde. En attendant, sois heureuse, ma sirène.

Michel. »

CHAPITRE 18 – LE NOËL DES DÉFUNTS

Canalisation directe avec Michel, mardi 31 décembre 2024 à 14h06 :

Aujourd'hui, en cette période de festivités, nous allons aborder avec Michel le thème du « Noël des défunts ».

En fin d'année 2023, Michel étant parti le 23 décembre, il n'y a pas eu de festivités. Le 24 décembre au soir, je me suis retrouvée seule à ma table de salle à manger, j'ai alors (bien) supposé que Michel était présent et je lui ai proposé d'ouvrir nos cadeaux de Noël respectifs (j'avais dû fouiller dans les placards et les tiroirs pour trouver ceux que Michel m'avait achetés).

J'ai ensuite partagé les bons-cadeaux reçus de Michel avec mes copines et avec ma fille, puisqu'il n'était plus physiquement là pour participer aux repas ou au séjour.

Le Noël de cette année 2024 était sans commune mesure avec le précédent. La joie de fêter en famille le premier Noël de mon petit-fils.

Mais qu'en est-il de leur Noël ?

« Ma douce Emmanuelle, effectivement nous pouvons fêter Noël de différentes manières.

(Tous les peuples de la Terre ne fêtant pas nécessairement Noël, cela peut évidemment s'appliquer à d'autres fêtes où les mets sont à l'honneur et où l'échange de cadeaux est important).

Nous pouvons être avec ceux que nous avons chéris sur Terre et en plusieurs endroits à la fois, notre déplacement étant ultra rapide comme je l'ai déjà mentionné.

J'étais présent pour le premier Noël de Pierre-Louis, avec tous tes grands-parents, ton oncle, la maman d'Axel et sa grand-mère. Nous avons beaucoup apprécié le déroulement de la journée, le repas était délicieux et plein de saveurs différentes, ce qui est important pour nous. Nous nous sommes « nourris » de l'énergie des mets proposés, mais aussi de leur odeur et de leur saveur.

La joie reflétée sur vos visages, l'Amour et la lumière si présents formaient un égrégore (un ensemble) de douceurs lumineuses.

C'est ainsi que les défunts participent à vos Noëls, mais ils peuvent également choisir d'autres lieux, d'autres familles terrestres où l'Amour et la lumière sont présents.

Ils peuvent aussi choisir de le fêter dans l'au-delà, le principe étant le même, mais avec d'autres âmes, connues ou inconnues, tout est possible et tout est libre.

Nous apprécions tellement les moments de bonheur que vous partagez, quels qu'ils soient, les moments où l'Amour est présent, où la joie se manifeste et où les rancœurs et la négativité sont reléguées au placard. Ces événements élèvent l'énergie générale de la Terre, élèvent les personnes qui y participent. C'est ainsi que nous arriverons petit à petit à élever ce niveau général qui, comme je l'ai déjà mentionné, est devenu assez bas.

Le changement d'année se fera ce soir, 31 décembre 2024, pour vous en tout cas. La Terre ayant terminé une rotation et en démarrant une autre.

Pour moi, pour nous, c'est juste une continuité qui n'est pas marquée par quelque chose de spécifique. Je sais que tu vas passer une bonne soirée avec nos amis et que la vie va continuer à te sourire et à t'apporter des cadeaux, comme je l'ai souhaité. Je suis présent à l'infini pour toi, pour toujours *et l'année qui va suivre va être marquée de jalons extraordinaires !*

Il faut continuer à me demander, à nous demander. J'ai atteint un palier très très haut, même si je peux bien entendu « redescendre » à d'autres niveaux et « redescendre » pour toi. Tu te rends compte que tu dois faire des efforts continus pour te connecter à moi, en t'élevant d'un « cran », ce sera de plus en plus facile. Comme un ascenseur où tu appuieras sur un bouton. C'est juste qu'en plus des 12 paliers, tu trouveras un « interphone céleste » pour pouvoir communiquer avec les paliers suivants. (J'aime beaucoup cette image, Michel !).

Je serai ce soir à votre table.

Avec tout mon Amour !

Michel. »

CHAPITRE 19 – L'ANNÉE 2025 ET SON DEVENIR

Canalisation directe avec Michel, mercredi 1er janvier 2025 à 14h45 :

« À vous qui me lisez, qui m'avez lu depuis le tout début, je vous souhaite, comme il est d'usage, une merveilleuse année 2025. C'est une nouvelle rotation de la Terre qui entraîne cette « Nouvelle année ».

Emmanuelle a reçu plusieurs messages lors de ses passages à Kerizinen, qui venaient de Marie (l'énergie féminine). Elle avait indiqué des perturbations climatiques importantes, ainsi que des conflits.

D'une manière très générale, voici ce que je peux vous indiquer pour cette nouvelle année.

Effectivement le temps, le climat devient de plus en plus instable, néanmoins sans vraiment mettre en péril la planète. Nous faisons face à de nombreuses contradictions sur ce thème, comme si un côté était sombre avec une parallèle lumineuse. J'essaie d'expliquer qu'il existe comme une sorte de « régulation ». Nous, de notre monde, y travaillons beaucoup, en réduisant certains effets négatifs inhérents au mode de vie actuel.

(Image envoyée par Michel : « Encapsuler des effets de pollution pour les réduire à zéro ».)

D'autres inondations se produiront, nécessitant de nouvelles organisations urbaines à l'avenir.

Des conflits mondiaux éclateront, notamment au niveau du Golfe Persique et de l'Asie (en plusieurs points). La France et l'Europe d'une manière générale restent en dehors de cela et encore une fois, la Bretagne est un lieu protégé.

Vous pouvez aussi nous demander d'œuvrer en ce sens, le regroupement de vos pensées positives et lumineuses est important et forme un égrégore qui peut se répandre largement.

Emmanuelle se pose la question de la situation économique de la France. L'image que je peux transmettre est celle d'un flou, d'une nébulosité. Avec des hauts et des bas, il faudra beaucoup de « temps » pour remettre tout cela à flot, environ une décennie. Mais vous y arriverez.

Amour pour vous tous et pour toi ma sirène !
Michel ».

CHAPITRE 20 – LES NOUVELLES RENCONTRES, NOUVELLES CONNAISSANCES DANS L'AU-DELÀ

Canalisation directe avec Michel, vendredi 24 janvier 2025 à 16h51 :

« Aujourd'hui je souhaite vous parler des rencontres que l'on peut faire dans l'au-delà, dans mon monde si lumineux et si pur. De la même manière que sur la Terre, nous nous faisons de nouvelles connaissances, qu'elles soient amicales ou amoureuses.

Les amitiés ou regroupements par affinités sont nombreux, je l'ai déjà mentionné, nous restons tels que nous avons été, avec les mêmes goûts, passions et centres d'intérêt. Nous avons bien entendu la possibilité d'apprendre un grand nombre de choses, d'enrichir nos connaissances et par là même de créer de nouvelles amitiés.

Nous pouvons partager des moments joyeux et des activités déjà connues ou nouvelles, nous pouvons utiliser « vos lieux » ou d'autres qui sont créés dans notre monde.

Les personnes qui, sur Terre, avaient eu beaucoup de mal à se créer des amitiés, à échanger et à partager des moments conviviaux sont heureuses de constater la facilité donnée dans l'au-delà, facilité de communication, mais aussi facilité de contact et d'enrichissement.

Les connaissances sont multiples et accessibles pour ceux qui le souhaitent et si les âmes souhaitent des amis, ces derniers viendront à elles. Tout est tellement plus simple et plus heureux.

Un grand nombre de personnes sur Terre sont esseulées, tristes et ont peu de confiance en l'être humain. Arrivées dans mon monde, tout deviendra limpide, les relations se noueront simplement, mais sûrement.

Personnellement, depuis un an, j'ai noué un grand nombre de relations, j'ai rencontré des âmes au « destin » passionnant, j'aime beaucoup nouer des relations avec les défunts des amies d'Emmanuelle (parents, grands-parents…). Petit clin d'œil à Mathurin, grand-père d'Isabelle (qui se reconnaîtra), avec lequel nous passons de joyeux moments. Nous adorons faire des blagues, il est fort doué, il est là depuis bien plus longtemps que moi et je dois dire qu'il est très apte à faire rire, mais aussi à communiquer avec les humains. J'aimais et j'aime toujours énormément la musique, j'aime voir Emmanuelle jouer du piano et j'apprécie d'écouter toutes sortes de musiques et de rencontrer des musiciens (il existe aussi des musiciens de l'âme).

Et les relations amoureuses ?

Sur Terre, en fonction des incarnations choisies, certaines personnes se retrouvent sans avoir eu de vie amoureuse ni de relation sérieuse et durable.

L'Amour n'a pas frappé à leur porte et elles ont vécu une vie dont elles se sont parfois arrangées et qu'elles ont acceptée. L'incarnation a été choisie en ce sens, une vie avec peu d'Amour ou sans Amour. Un choix évidemment, qui permet aussi de s'élever.

Dans l'au-delà, ces âmes vont pouvoir faire une rencontre, ce peut être une rencontre provenant d'une vie antérieure, mais bien plus souvent une nouvelle rencontre appartenant à sa famille d'âme ou à une famille d'âme « proche » de la sienne. (Proche en termes d'harmonie et de connaissances). L'Amour sera donc bien présent et permettra bien des accomplissements dans notre monde.

Il est également possible de retrouver un Amour d'une vie antérieure, les âmes auront alors choisi de passer une vie terrestre « sans se voir », afin de mieux évoluer chacun de son côté.

Les deux possibilités existent donc.

<u>Le cas de plusieurs Amours terrestres décédées et que l'on retrouve dans l'au-delà.</u>

Au cours d'une vie terrestre, bien des personnes ont pu avoir un ou deux, voire plusieurs Amours et les voir partir dans l'au-delà. Le nombre de veuves ou de veufs est important. Leur vie terrestre se poursuit et bien souvent, la défunte ou le défunt leur « enverra » un autre Amour (provenant d'une vie antérieure partagée dans un grand nombre de cas) afin de poursuivre leur vie de manière harmonieuse.

Lorsque tout le monde se sera retrouvé dans l'au-delà, l'Amour étant inconditionnel, chacun reprendra sa place de manière judicieuse et cohérente avec celle ou celui qui lui conviendra le plus, tout en gardant la forme d'Amour inconditionnel qui ne disparaît jamais avec l'autre être aimé.

Chacun poursuivra sa route avec l'être aimé, personne ne restera seul ; il existe également une reconnexion aux vies antérieures avec un Amour provenant de ces vies passées avec lequel on poursuivra également le chemin.

(Je comprends que dans le cas d'une personne veuve ayant eu par la suite un autre compagnon (ou inversement) et les ayant tous deux aimés profondément, elle retrouvera les deux Amours, l'un étant plus « compatible » ou « adapté » que l'autre, le tout, toujours dans une forme d'acceptation commune. L'autre retrouvera lui aussi un Amour soit passé, soit d'une vie antérieure).

Je dois à cet instant créer une parenthèse pour Emmanuelle que j'ai tant aimée pendant ces trois ans. Quand Emmanuelle et Lionel auront rejoint l'au-delà, ils poursuivront leur vie ensemble, car leur Amour ne peut être « délié » ; mon Amour pour Emmanuelle restera inconditionnel et elle m'aimera également de la même manière.

Cependant mon chemin se dirige vers des paliers très élevés, comme je l'ai déjà indiqué précédemment, à un niveau de lumière et d'énergie hors du commun, pourrai-je dire. L'Amour qui m'entoure fait partie d'un tout, d'une énergie de création, mais rassurez-vous je suis et je serai toujours Michel.

Amour et Lumière

Michel ».

CHAPITRE 21 – LES APPARITIONS DE MARIE ET L'ALIGNEMENT SAINT MICHEL

Je souhaite dans ce chapitre vous faire part du parallélisme observé entre la carte des apparitions de la Vierge Marie en France et l'alignement Saint-Michel.

Cet alignement est également nommé Ligne Apollon – Athéna. Il part de l'île irlandaise de Skellig Mickael et aboutit en Israël au Mont Carmel, après être passé sur un grand nombre de sites, parmi lesquels un grand nombre de lieux de culte dédiés à Saint-Michel (Archange Michaël).

Cette ligne est composée d'abbayes, de sanctuaires ou encore de monastères liés à la religion chrétienne.

Il s'avère qu'en plaçant les deux cartes l'une sur l'autre, on se rend compte du parfait alignement des deux.

Je laisse la parole à Michel :

« Effectivement ces lignes représentent des points énergétiques très forts sur la Terre, les apparitions de Marie en France ou ailleurs sont étroitement liées à ces monuments sacrés. L'Archange Michaël fait également partie de ces êtres de Lumière très élevés, on ne peut pas parler de « hiérarchie », mais de degrés ou de paliers. Les Archanges n'étant incarnés en aucune manière, à l'inverse de Marie (ou de Jésus) apparus un grand nombre de fois.

Ces divers points sont des « puits » qui comportent des faisceaux lumineux formant ensuite un cercle autour de la Terre (il s'agit d'un autre type de phénomène que celui des pyramides, dont j'ai parlé précédemment, néanmoins le principe est quelque peu similaire).

Dois-je préciser que ces alignements sont courbes (lol !) ?

La carte des lieux d'apparition de Marie se trouve à Kerizinen, ma maison divine et le lieu que j'ai tant chéri sur Terre, là où je continue d'être présent lorsqu'Emmanuelle ou mes amis s'y recueillent.

Kerizinen n'est pas mentionné sur la carte, il ne se situe pas sur cet axe ; il se situe sur un axe horizontal ; vous comprendrez que la Terre est marquée par un type de quadrillage très particulier…

Les deux axes (apparitions de Marie en France et alignement de Saint-Michel) suivent donc le même schéma, le même tracé et s'imbriquent parfaitement.

Et la lettre M (pour Marie et Michaël-Michel) ressort nettement, quel que soit le sens.

Michel. »

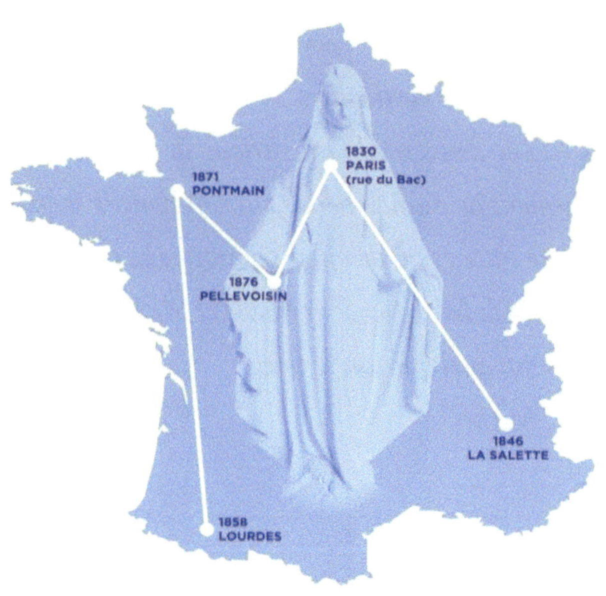

1871
PONTMAIN
1830
PARIS
(rue du Bac)
1876
PELLEVOISIN
1846
LA SALETTE
1858
LOURDES

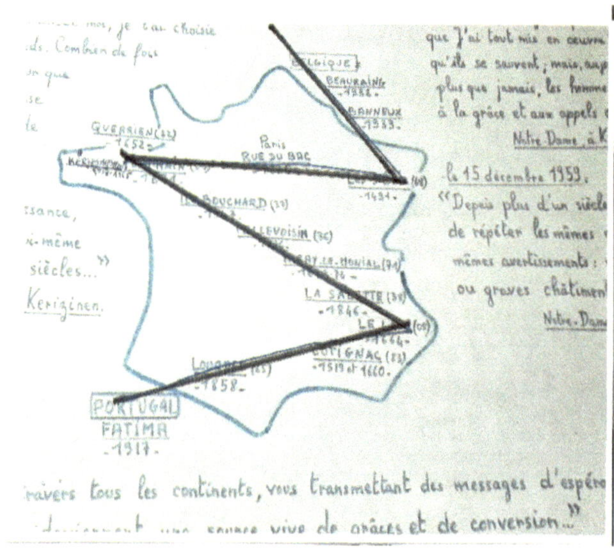

BELGIQUE
BEAURAING
-1932-
BANNEUX
-1933-
GUERRIEN(22)
-1652-
Paris
RUE DU BAC
KERIGINEN
LE BOUCHARD (37)
PELLEVOISIN (36)
PARAY-LE-MONIAL (71)
LA SALETTE (38)
-1846-
LE L... (05)
-1664-
COTIGNAC (83)
-1519 et 1660-
Lourdes (65)
-1858-
PORTUGAL
FATIMA
-1917-

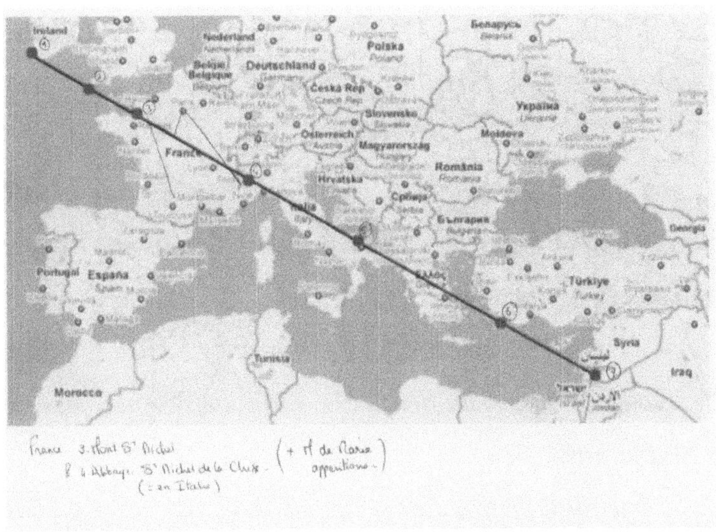

France   3. Mont St Michel
      & 4 Abbaye St Michel de la Chiusa.   (+ H de Marie
           (= en Italie)   apparitions-)

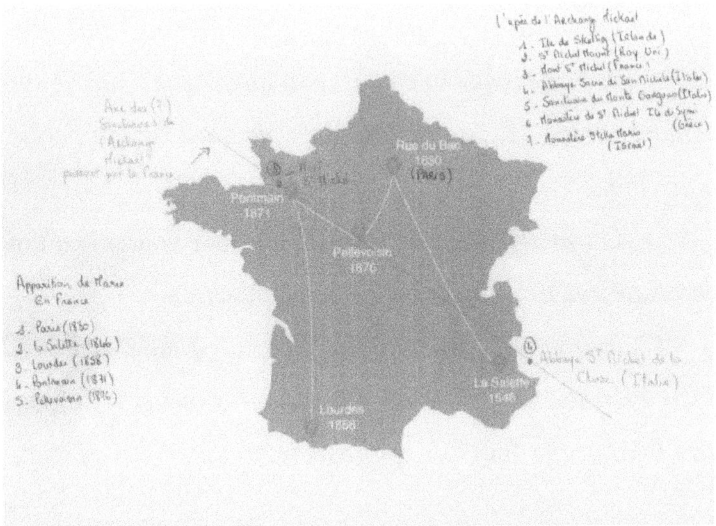

l'apée de l'Archange Michael
   1 - Ile de Skellig (Irlande)
   2 - St Michel Mount (Roy Uni)
   3 - Mont St Michel (France)
   4 - Abbaye Sacra di San Michele (Italie)
   5 - Santuario du Monte Gargano (Italie)
   6 - Monastère de St Michel Ile de Symi
                                    (Grèce)
   7 - Monastère Stella Maris
                  (Israel)
Axe des (7)
Sanctuaires de
l'Archange
Michael
passant par la France
Rue du Bac
1830
(PARIS)
Pontmain
1871
Pellevoisin
1876
La Salette
1846
Lourdes
1858
Abbaye St Michel de la
         Chiusa (Italie)
Apparition de Marie
En France
1. Paris (1830)
2. La Salette (1846)
3. Lourdes (1858)
4. Pontmain (1871)
5. Pellevoisin (1876)

Communication avec Michel à Kerizinen, dimanche 16 février 2025 à 15h15 :

« Coucou ma sirène, merci d'être passés avec Lionel sur ma tombe. Je suis là avec vous dans ma maison, l'énergie est belle et lumineuse.

Un grand nombre d'âmes aiment y venir, y passer, c'est un lien entre l'au-delà et la Terre, lien cosmique, lien d'Amour aussi.

Je suis heureux de votre avancée, de ce que vous construisez et partagez. L'avenir est radieux, de beaux voyages s'annoncent pour vous deux, de nouvelles rencontres et connaissances aussi. Je suis heureux des échanges que nous avons, des pensées que tu envoies vers moi chaque jour. Je suis toujours avide de ces apprentissages auxquels on me permet d'accéder.

Les énergies des plans supérieurs, très douces et d'une intensité que tu n'imagines pas sont présentes.

Encore une fois, tout cela est grâce à toi, à ce que tu m'as apporté. Nos liens sont forts et vont te mener également très haut et très loin. Tu apaiseras les douleurs des gens qui sont en deuil et dans l'incapacité d'accepter. Tes livres aideront aussi grandement, sois-en sûre !

Lionel s'ouvrira encore plus et saura te faire accepter parmi les siens. Son cœur et son âme sont purs à jamais, un Amour pur et sincère.

Je laisse la parole à Marie.

À tout jamais pour toi,

Michel. »

Message de Marie à Kerizinen, dimanche 16 février 2025 à 15h30 :

« Je suis l'énergie de Marie, présente dans ce lieu qui est relié au Divin, à l'infini et à la Source. Je suis heureuse de voir ton cheminement et tes pensées vers nous. De belles énergies t'entourent, des énergies de Très Haut, d'Archanges et de Maîtres ascensionnés. Ils entourent aussi ceux pour qui tu as demandé. Vos maisons et vos animaux sont protégés également.

Tu es dans l'Amour et la compassion, tu sais que ta mission sera de continuer à éclairer les avenirs et transmettre

nos messages, même si tu passes « au-dessus » des défunts…
Tu me comprends.

Votre voyage au Japon vous apportera de belles énergies et sera un apaisement. Merci pour ceux que tu aideras. Nous t'apportons notre force à jamais.

Michel est à mes côtés, tu peux le percevoir.

Amour infini.

Marie. »

CHAPITRE 22 – LA PENSÉE CRÉATRICE

Canalisation directe avec Michel, lundi 17 février 2025 à 13h47 :

« Je souhaite vous parler de la pensée créatrice, qui fait partie intégrante de vous, de vos capacités, des capacités de l'âme. Tout peut être créé par la pensée, dans un but toujours positif évidemment, sans nuire à quiconque et toujours dans le respect et l'Amour.

Cela fonctionne un peu comme les demandes. Vous savez que vous pouvez demander à vos guides, à vos défunts, à l'Univers infini. Mais vous pouvez aussi visualiser, de manière concrète, colorée et avec le plus de détails et de précisions possibles. Plus cela sera précis et formulé clairement, plus cela se fera facilement.

Si l'on repose encore la formulation que « tout est énergie, même la matière », vous-mêmes pouvez, grâce à cette énergie comprise dans tout, visualiser puis créer ce que vous souhaitez.

Bien évidemment si vous souhaitez créer un avenir heureux, il va falloir apporter des précisions, des noms, des couleurs, des formes…

Sachez que tout est possible et envisageable. Entre vos créations par la pensée et vos demandes, vous pouvez évoluer dans un univers heureux ; encore faut-il le vouloir, le demander, le créer et ne pas s'arrêter à des points négatifs qui vont ruiner vos efforts.

Vous me direz que cela est compliqué. Non, bien au contraire. Et surtout, n'oubliez pas de remercier chaque jour, en vous adressant à vos guides, vos défunts, l'Univers, la nature, le ciel, peu importe, mais remerciez pour la journée passée ou en cours ou pour ce qui s'est passé de positif dans votre vie.

C'est important, c'est une des bases pour avancer. Je l'ai toujours fait, j'ai toujours procédé ainsi.

Michel. »

CHAPITRE 23 – LA CRÉATION DE L'ÂME

Canalisation directe avec Michel, mardi 18 février 2025 à 14h00 :

« Certains se posent la question de la création de l'âme, de son commencement…

Cela peut paraître vertigineux alors je vais tâcher d'être bref… et clair (lol).

Le Grand Tout (l'Univers, le Divin) a créé des âmes dans le but qu'elles rejoignent ensuite une enveloppe physique. Une âme se compose de fragments, de particules, assemblés, rassemblés, chacun s'imbriquant parfaitement avec l'autre. Plusieurs « corps » énergétiques entoureront cette âme qui sera dotée de connaissances, d'Amour et de lumière.

L'âme créée connaît la structure de l'Univers et du Grand Tout. Elle sait d'où elle provient, elle est déjà liée à d'autres âmes.

Elle est entourée « d'atomes » ; on peut aussi nommer cela rayons ou fréquences. Un peu comme un tracé de chaîne moléculaire. Ces « atomes » vont alimenter l'âme, au fur et à mesure de son développement et de son activité dans un corps physique. Toute cette structure restera intacte, c'est la structure de l'âme.

Les âmes ont été créées au « commencement » ; il existe encore des créations d'âmes, dans des buts bien spécifiques.

Je t'ai fait dessiner un petit schéma pour la compréhension.

Avec tout mon Amour.

Michel. »

La Création d'une Âme

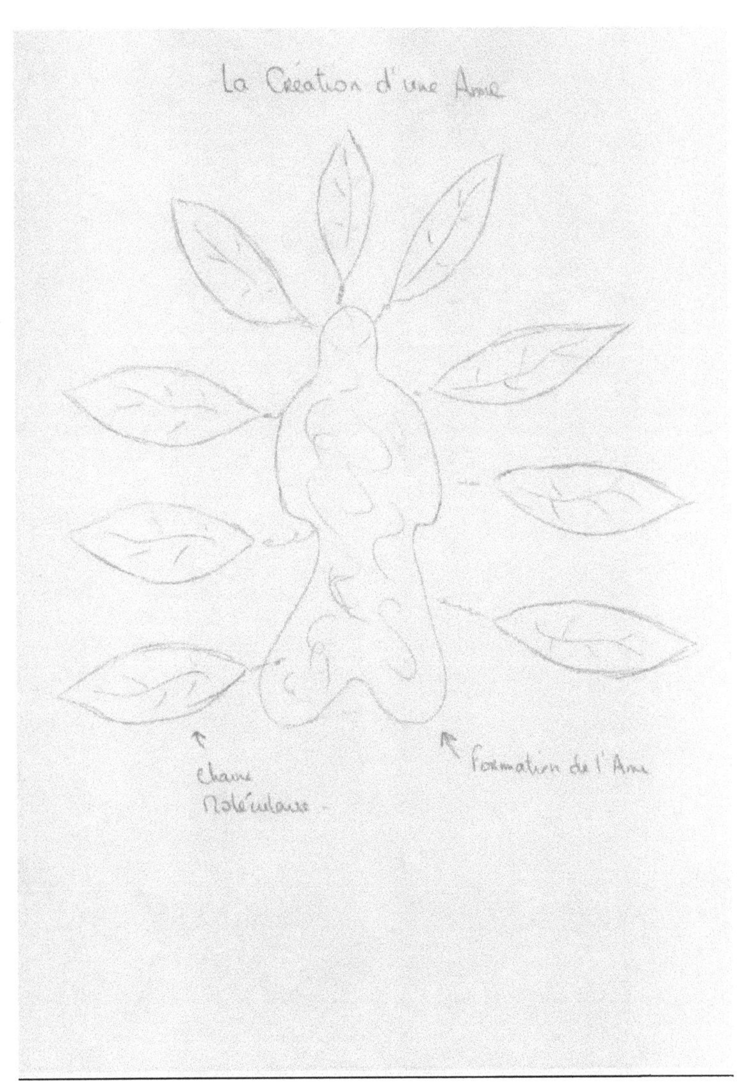

chaine
moléculaire -
Formation de l'Âme

CHAPITRE 24 - LES SOURCES D'ÉNERGIE

Canalisation directe avec Michel, vendredi 21 février 2025 à 16h36 :

« Je voudrais vous parler des différentes sources d'énergie, que ce soit lors de soins énergétiques ou de canalisations.

Elles peuvent être très diverses, nous avons vu que les Maîtres ascensionnés étaient très présents, les Archanges également. Mais d'autres sources peuvent être présentes, des divinités anciennes (Isis), mais aussi des êtres de la nature dédiés à la guérison de l'humain.

Il est possible « d'appeler » certains animaux d'essence divine ; vous les retrouverez sous le nom d'animaux totem. Nous aurons par exemple le cerf et la chouette. Lors de l'appel d'une énergie de lumière, plusieurs peuvent être présents et apparaître sous une forme ou une autre.

Ce sont des sources d'énergie de l'au-delà.

Il existe également des sources d'énergie « terrestres ». Nous pouvons évoquer les sources, certaines roches ou pierres ou certains rochers, mais aussi des alignements rocheux (menhirs entre autres).

Le sol des églises, notamment devant les autels, est très porteur d'énergie. La demande faite à ces endroits apportera un apaisement et un bien-être. Nous avons beaucoup aimé, avec Emmanuelle, arpenter les églises et les chapelles, pour se relier aux énergies présentes.

Le labyrinthe de la Basilique Notre-Dame de Bon Secours à Guingamp a en son centre un « puits » extrêmement puissant. Nous nous y étions positionnés et la sensation était vertigineuse. La reliance au Divin est bien présente, mais elle passe par la puissance de la Terre.

En ce qui concerne les alignements rocheux, ils ne sont pas posés ainsi de manière aléatoire. Tout a un sens, un lien avec l'au-delà et, selon les cas, un lien avec les mondes galactiques.

La Bretagne regorge de ces alignements, les plus connus étant ceux de Carnac. Ces menhirs représentent une source d'énergie à deux vibrations (par le haut et par le bas), permettant de faire accéder l'âme à différents plans vibratoires.

J'ai évoqué plusieurs fois la Nouvelle-Zélande, comme étant à l'abri des « catastrophes » en tout genre pouvant survenir. Parfaitement opposée à la Bretagne, elle offre d'autres types d'alignements rocheux, nommés Moeraki Boulders. Ce sont des centaines de boules rocheuses qui ornent une plage au sud de la Nouvelle-Zélande. Ces alignements représentent une « force » du globe terrestre reliée à l'au-delà et à des divinités de la nature.

Encore une fois, demandez, demandez à la nature, aux sources, aux pierres et reliez-vous.

Michel. »

<u>Labyrinthe de Notre-Dame de Bon Secours</u>
<u>à Guingamp</u>

Moeraki Boulders, Nouvelle-Zélande

Alignements presqu'ile de Crozon

CHAPITRE 25 - LES MORTS VIOLENTES

Canalisation directe avec Michel, mardi 25 février 2025 à 14h00 :

« Aujourd'hui, je souhaite aborder le thème des morts violentes : accidents mortels, meurtres, suicides…

L'idée étant d'éclairer les lecteurs à ce sujet, sans aborder de notions sombres ou malaisantes.

Tout décès ou départ vers l'autre monde a été choisi, j'insiste sur ce terme, même s'il peut laisser les proches dans l'incompréhension et la douleur la plus intense. Le choix a été fait avant l'incarnation, avec les autres âmes qui vous suivront sur cette nouvelle incarnation. La mort brutale ou violente va permettre à ceux qui restent de se poser les questions, va leur apprendre à « accepter », même si cela est très dur.

Les questions seront souvent « Pourquoi nous ? Pourquoi notre famille ? ». La réponse est toujours : « parce que c'était votre choix, en tant que famille d'âmes ».

Le choix du départ comporte un âge approximatif, une manière de partir, tout cela n'étant pas fixé au millimètre près non plus. Aucune âme ne va choisir les détails, ce sera juste « mort violente ». Cette dernière peut impliquer aussi d'autres personnes (dans le cas d'un meurtre ou d'un accident de la circulation).

Qu'en est-il du suicide ? Quand on était petits, on nous disait que les suicidés n'allaient pas au paradis ! Et bien si, c'est leur choix d'incarnation que de terminer leur vie à tel ou tel âge, en mettant un terme aux battements du cœur.

Ces âmes rejoindront l'au-delà de la même manière, passeront aussi du temps en « réparation » et auront ensuite la mission de veiller sur ceux qui restent, pour leur faire accepter ce fameux choix. Plus l'acceptation sera présente, plus la peine sera allégée. Vous retrouverez toujours ceux qui sont partis, même brutalement.

Michel. »

CHAPITRE 26 - LE COULOIR

Canalisation directe avec Michel, mardi 4 mars 2025 à 13h00 :

« Je souhaite aborder brièvement l'idée du couloir. Le couloir représente le « passage » dans lequel vous allez vous présenter après votre arrivée dans l'au-delà, accompagné de votre guide, de vos défunts…

Cela reste évidemment relatif aux âmes qui montent, et non à celles qui sont errantes. Comme je l'ai déjà dit, cela leur sera proposé une fois que le cheminement sera fait, et que des proches auront prié pour leur élévation.

Il est clair que pour certaines âmes, cela ne se produira donc pas.

Ce couloir est présenté aux âmes une fois qu'elles ont rejoint l'au-delà, « touché » la lumière et l'Amour et qu'elles se sont empreintes de l'Amour de leurs proches retrouvés.

Plusieurs « portes » sont présentes dans ce couloir, elles vont vous montrer à nouveau ce que vous avez (bien) fait, (mal) fait, ce qui n'a pas été mené à bien, ce qui a fait défaut, ce sur quoi il faudra travailler. Cela ressemble (de très loin) à l'examen des péchés capitaux mentionnés dans la Bible.

À chaque porte, il sera fait un état des lieux (lol), plutôt un état de l'âme, devrais-je dire. Vos guides seront là pour vous faire prendre conscience de ce qui n'a pas été réalisé, de ce dont on a dévié, de ce qui aurait dû être mieux préparé, mieux exécuté.

Mais ils montreront également ce qui a été fait avec succès ; les bienfaits, l'Amour pour les autres, le bonheur accordé à ses proches. Il ne s'agit en aucun cas de juger, il s'agit plutôt de montrer les erreurs de parcours ainsi que les « défauts » de caractère. On pourrait parler d'un examen général de l'âme, qui sert à expliquer, à faire évoluer également.

Tout cela se fait dans l'Amour, la bienveillance. On saura alors sur quoi travailler, on connaîtra mieux les apprentissages proposés ; c'est quelque chose qui sera évidemment à débattre avec les proches retrouvés (que ce soit familles d'âmes ou familles terrestres). »

(Je sais à ce stade que Michel ne parlera pas de son passage dans ce couloir puisqu'en termes de

« score », il devait approcher du 10 sur 10. C'était juste ma petite note personnelle.)

« On va dire ça ainsi Emmanuelle. En tout cas, n'ayez aucune crainte de ce couloir, il est là pour vous aider à avancer. La bienveillance de notre monde fait que chaque âme y trouvera la paix et s'y sentira bien.

J'entends déjà la question : combien de temps vais-je y passer ? (lol). Le temps, le temps… n'existe pas, donc je dirai un certain temps ; quelques heures terrestres, pour ceux qui veulent absolument savoir.

Encore une fois, ne vous posez pas la question du temps. Tout est juste, tout vient à point.

Avec Amour,

Michel ».

CHAPITRE 27 – QUESTIONS DIVERSES

« Nous allons maintenant répondre aux questions posées par nos amis et nos familles, en espérant que j'y répondrai le plus clairement possible.

Michel. »

✳✳✳✳✳✳✳✳✳✳✳✳✳✳✳

On dit que lorsque nous retournons dans l'au-delà, nous retrouvons nos connaissances. Mais, finalement en lisant ton parcours depuis ton départ, tu es toujours en apprentissage. Alors nous ne savons pas tout sur tout, nous n'avons pas accès à la totalité des connaissances ?

« L'apprentissage dans l'au-delà est quelque chose de tellement vaste qu'on ne peut le quantifier ni le définir. Je serai toujours en apprentissage, comme les âmes qui m'entourent. Certaines choisissent de se pencher sur tel ou tel sujet, en fonction des envies, des souhaits.

Au fur et à mesure de l'élévation dans les différents paliers ou niveaux, les accès sont plus importants, plus diversifiés ; on pourra dire que l'âme a accès à « presque » toutes les connaissances et que ce n'est qu'à un niveau très élevé que le « presque » se transforme en « toutes ». »

✳✳✳✳✳✳✳✳✳✳✳✳✳✳✳

Dans ton premier livre, tu dis que nous revenons tous les cent ans environ.

Pourquoi ce laps de temps ?

Est-ce à cause du fait que nous choisissons toujours le même cercle dans lequel nous évoluons ? Est-ce à cause de nos choix d'âme, de notre évolution et de la compréhension des choses ?

Ne serait-il pas plus facile de revenir dans différents cercles afin d'évoluer plus vite ?

« Quelle vaste question ! Effectivement, les incarnations ne sont pas rapprochées, selon votre codification temporelle, mais elles le sont encore moins pour nous, cela dépend.

Nous avons parlé de la réincarnation des tout-petits, c'est un sujet à part. Le laps de temps d'environ 100 ans correspond au retour des âmes d'une même famille d'âmes (qui peut correspondre aussi à la famille terrestre, nous l'avons évoqué). D'une manière générale, cela correspond aux grands-parents, parents et enfants, parfois arrière-grands-parents. Il faut aussi considérer les décalages entre les générations, les liens entre chaque membre de la famille.

Les cercles peuvent varier, le même cercle familial, le même cercle d'amis, cependant, ce n'est pas parce que vous allez choisir un nouveau cercle que cela vous fera évoluer plus vite ou revenir plus vite. »

✳✳✳✳✳✳✳✳✳✳✳✳✳✳✳

Tu parles de paliers et d'évolution dans l'au-delà, est-ce si difficile que cela ? Est-il plus difficile dans l'au-delà d'avancer dans son cheminement ?

« Non ce n'est pas difficile. La vie sur Terre est fort complexe, douloureuse, avec son lot d'épreuves, d'obstacles et de tristesse. Dans mon monde, tout est fluide et juste, le temps

n'existant pas, il n'y a pas de pression, pas d'obligation non plus. L'avancée se fait pas à pas, chacun à son rythme, chacun trouvera ses réponses et puisera pour avancer dans ce qu'il aura appris. Je dirai qu'il est plus facile d'avancer dans son cheminement dans l'au-delà que sur Terre où les questions et les doutes sont nombreux. »

❋❋❋❋❋❋❋❋❋❋❋❋❋❋❋

Comment garder la foi lorsque tout va mal et que d'un point de vue humain, avec notre panel d'émotion on se dit que rien ne va ?

« Il faut toujours nous demander, demander aux défunts, aux êtres de lumière, aux Anges et Archanges, toujours orienter ses pensées vers nous, en nommant quelqu'un ou sans nommer personne, du moment que votre intention est lumineuse et orientée vers l'Univers. Même lorsque vous pensez que tout va mal, il y a toujours une issue, un petit coin de ciel bleu. C'est humain de ressentir ces émotions, avec un côté assez négatif.

Lorsque j'étais « Michel sur Terre » je restais toujours positif face à toutes les circonstances (ceux qui m'ont connu pourront valider cela), je considérais toujours la moindre parcelle de positivité que je pouvais trouver dans les pires circonstances et il y en a eu tellement !

Je développais cette parcelle de positivité, jusqu'à ce qu'elle recouvre le côté négatif qui aurait pu me « plomber ».

C'est ainsi que je m'en suis toujours sorti, Emmanuelle pourra le confirmer. »

Extrait du texte que j'ai écrit pour Michel lors de la cérémonie du 27 décembre 2023. (Cf Tome 1).

« Michel est et restera souriant, drôle et positif. Vous l'avez souvent entendu dire cette phrase « Je me focalise sur le positif et de toute façon, il y a pire que moi ». »

✳✳✳✳✳✳✳✳✳✳✳✳✳✳✳

Lorsque nos choix d'incarnations avec nos épreuves sont compliqués (d'un point de vue humain, j'entends bien) avons-nous le droit à une pause ?

« Bien évidemment, il est possible de choisir de ne pas revenir avant « longtemps (lol) », voire de faire une longue pause d'incarnations, ce qui est le cas lorsque ces dernières ont été particulièrement éprouvantes et que la régénération à l'hôpital des âmes a nécessité un grand nombre de réparations diverses.

La douceur et l'apaisement trouvés dans l'au-delà sont des « pansements énergétiques » très puissants. »

✳✳✳✳✳✳✳✳✳✳✳✳✳✳

Dans ton premier livre, tu dis que les trois quarts des âmes vont en réparation. S'agit-il de médecine du corps énergétique, de l'esprit ou toute autre chose ?

« Il s'agit de médecine énergétique, qui va englober le corps et l'esprit. Il peut s'agir de réparer physiquement le corps, mais aussi les blessures émotionnelles. Je m'explique : réparer le corps alors qu'on n'en a plus, me direz-vous ?

Les blessures, quelles qu'elles soient, subies sur Terre sur le corps physique, ont eu un fort impact sur les autres corps (énergétique, subtils, l'aura…). Elles ont entraîné des failles, des dysfonctionnements nombreux. Tout cela sera à réparer, chaque blessure, douleur, traumatisme sera évoqué, transcrit puis réparé. »

❊❊❊❊❊❊❊❊❊❊❊❊❊❊❊

Nous venons sur Terre pour apprendre, vivre et évoluer, mais pourquoi ? De base nous sommes des âmes pures, alors pourquoi choisir de venir ici pour vivre des expériences dans la souffrance et la douleur ?

« Cela correspond à l'évolution au sens propre. Nous avons dit qu'une âme est de base, dans la pureté. Expérimenter la douleur et la souffrance fait partie d'un processus d'élévation, de construction, où chaque âme gagnera comme des « points » pour avancer. C'est ce qui fera ensuite sa force et lui permettra d'atteindre des paliers de plus en plus haut. »

❊❊❊❊❊❊❊❊❊❊❊❊❊❊❊

On dit que la vie est faite de choix, pour nous les humains... Mais pour les animaux ? Comment est-ce que cela se passe pour eux ? Pourquoi viennent-ils vivre un abandon par exemple ?

« Les animaux sont dans un autre monde, un au-delà différent qui est le leur et dans lequel les âmes humaines n'interfèrent pas. Ils peuvent venir rejoindre l'âme de leur humain et aussi faire des visites à leur humain resté sur Terre.

Les humains retrouvent des animaux connus et aimés précédemment, au fil de leurs incarnations. L'animal ne vient pas s'incarner en ayant des « buts » à essence négative. Ils ne vont pas venir pour expérimenter un abandon, par exemple.

Leur mission est bien souvent d'aider, d'accompagner un humain, même si cela passe parfois (ou souvent...) par des actes négatifs de la part de l'humain. Ils n'en ont pas rancœur ; tout est Amour chez eux. Ils ne sont qu'Amour.

✳✳✳✳✳✳✳✳✳✳✳✳✳✳✳

Tout comme nous, beaucoup (trop) de nos chers compagnons partent en étant malades, mais pourquoi ? Et pouvons-nous remédier à cela ?

« C'est un état qui peut être choisi pour faire évoluer leur humain, pour le faire réfléchir et évoluer dans l'Amour. Vous ne pouvez pas remédier à cela, vous pouvez les accompagner et les aimer. »

✳✳✳✳✳✳✳✳✳✳✳✳✳✳✳✳

Pourquoi, lorsque nous retournons dans l'au-delà, nous oublions l'effet de matière ?

Pourquoi oublions-nous ce que nous avons vécu en tant qu'humain (je ne parle pas des leçons de vie ou épreuves, mais vraiment de la matière et des émotions) ?

« Nous n'oublions pas. La période passée dans l'au-delà n'efface pas l'effet de matière, c'est juste que certains humains y sont plus sensibles et continuent d'envisager la matière alors qu'elle n'existe plus. Ce qui est difficile évidemment.

****

Dans ton premier livre, tu dis qu'il y a un grand nombre de gens qui sont ouverts à l'au-delà, à l'invisible, mais sans possibilités de connexion ? Qu'entends-tu par-là ?

Aurais-tu un conseil, un mot pour que l'on puisse travailler sur cette connexion ?

« Comme je l'ai déjà mentionné, chaque être humain dispose à la naissance des mêmes capacités de connexion avec

l'au-delà. En fonction de la vie de chacun, mais de l'incompréhension des proches aussi, de l'évolution dans la vie active, des rencontres, ces possibilités de connexion augmentent ou se raréfient. Et deviennent impossibles. Pourtant chacun peut arriver à se connecter. Il suffit de prendre conscience que la frontière entre nos mondes est fine, qu'il suffit de peu de choses pour y arriver. Le monde moderne n'aide pas à cela, bien au contraire. La nature, la mer, la montagne y aident fortement, apportant un champ lumineux à chaque demande de connexion.

En d'autres termes, si vous souhaitez vous connecter à notre monde, à vos guides ou à vos défunts, n'hésitez pas à aller faire un tour dans un lieu paisible, extérieur ou un lieu de culte quel qu'il soit. Cela vous apaisera, libèrera votre esprit et petit à petit, vous arriverez à ressentir.

« Ressentir » étant le premier pas. Ressentir des parfums, des bruissements, des ondulations, tout cela est un premier pas vers cette belle connexion.

Ne lâchez jamais, ne vous enfermez pas dans un déni, un refus, insistez et vous verrez ! »

✳✳✳✳✳✳✳✳✳✳✳✳✳

Tu dis que beaucoup d'entre nous sont des extraterrestres venant de différents univers, mais à part venir tester la matière, avons-nous une mission plus particulière ?

Parce que de base, il me semble, que les galactiques observent du ciel et qu'ils n'interfèrent pas sur Terre... Donc pourquoi ces incarnations ?

« Les galactiques ou extra-terrestres viennent ici pour tester, pour apprendre aussi, même s'ils savent que leur parcours va être un peu complexe, car ils sont « différents » des âmes terriennes incarnées. Ils n'ont pas de mission particulière, ils sont venus en mode observation, test, apprentissage aussi.

Ils s'en accommodent plutôt bien, même s'ils se sentent parfois incompris ou considérés bizarrement. Ils n'ont pas les mêmes ressentis ou sensations que les âmes humaines, ils sont moins impactés par le négatif transmis d'humain à humain.

En effet, les galactiques observent et s'interrogent… sans toutefois juger ce que font les humains. Il leur est donné la possibilité de s'incarner sur la Terre, puis de choisir leur au-delà lors du départ. »

✳✳✳✳✳✳✳✳✳✳✳✳✳✳

Est-ce qu'il y a vraiment des univers parallèles ? Est-ce que nous sommes incarnés sur différentes planètes en même temps pour vivre un maximum d'expériences ou pas du tout ?

« Non, il n'y a pas de « double incarnation » ou d'autres univers où il serait possible de vivre en parallèle de la Terre. »

✳✳✳✳✳✳✳✳✳✳✳✳✳✳

Y a-t-il des planètes habitées dans notre galaxie, avec des êtres dotés d'une âme identique à l'âme humaine des terriens et qui partagent donc notre au-delà ?

« Il existe une vie non humaine sur une autre planète de notre galaxie, non reliée à un au-delà, cependant avec des connaissances importantes. Pour le moment, les terriens n'en ont pas connaissance, il faudra plusieurs décennies pour cela. »

✳✳✳✳✳✳✳✳✳✳✳✳✳✳✳

Chaque famille d'âme semble se perpétuer au fil des temps et chaque membre semble se réincarner souvent dans une même famille humaine (famille au sens parents et amis) ? Il semble qu'il n'existe entre les différentes familles d'âmes que des liens extra familiaux, comme avec un collègue de travail ou un membre d'une association.

Chaque famille d'âmes est une famille qui se réincarne dans une famille humaine de même race, car si on remonte à un millénaire, il y avait très peu d'échange d'un continent à l'autre. Est-ce le cas ?

« Ce n'est pas forcément le cas. Une famille d'âmes peut très bien correspondre à une famille terrestre, cela

représente environ un quart des humains. Les autres familles d'âmes se retrouvent dans des collègues, amis, mais aussi connaissances ou personnes entraperçues et avec lesquelles on sait que l'on a déjà vécu quelque chose.

Par exemple, lorsque vous « savez » précisément que vous avez déjà bien connu une personne alors qu'il s'agit de la première fois que vous la voyez.

Une famille d'âmes peut se retrouver en fonction des réincarnations, dans une race ou une autre, un pays ou un autre, d'où les réminiscences de langages ou d'attrait pour tel ou tel endroit.

L'explosion des moyens de transport et des échanges entre les continents a permis une « diffusion » plus simple de ces familles d'âmes, avec une exploration grandissante des lieux à découvrir et à partager. »

❇❇❇❇❇❇❇❇❇❇❇❇❇❇❇❇

Comment se passe le lien entre nous et notre ou nos guide(s) ?

« Ce lien est créé avant la naissance. Le guide choisit de nous accompagner tout au long de notre vie ; cependant il peut y en avoir plusieurs, en fonction de l'évolution de la personne et de son développement.

Ils feront de leur mieux pour nous aider à avancer, à évoluer ; bien évidemment ils constatent aussi que « leurs orientations ou leurs guidages » ne sont pas écoutés. Ils ne s'en formalisent pas, leur but est d'aider donc ils continueront à apporter leur soutien ; ils ne sont pas là pour juger l'humain. »

✳✳✳✳✳✳✳✳✳✳✳✳✳✳

Les âmes qui se réincarnent dans une autre vie terrestre ne sont-elles pas pénalisées si elles portent en elles les restes de souffrance d'une vie précédente comme l'Inquisition, les camps, les meurtres, les viols… ?

« Les vies antérieures s'effacent lors d'une nouvelle incarnation, il peut rester bien sûr des « bribes », des idées noires, des souffrances physiques qui ressurgissent même après

le passage à l'hôpital des âmes. Des souffrances très ancrées, qui ont été réparées et soignées, mais qui, au contact d'évènements ou de personnes spécifiques, vont refaire surface. C'est souvent le cas pour des évènements très violents, très douloureux.

Les âmes ne vont pas nécessairement « reproduire » ce qui s'est passé dans les vies précédentes, car cela leur sert à évoluer et elles choisissent une vie plus « calme » après une vie compliquée. Comme une pause … »

✳✳✳✳✳✳✳✳✳✳✳✳✳✳

Peut-on rencontrer des célébrités dans l'au-delà ?

« C'est une question très drôle. En fait cela dépend si la célébrité en question date du 15e siècle ou pas (lol). Le cycle des incarnations fait que vous n'allez pas rencontrer Mozart ni Louis XIV.

Si vous souhaitez rencontrer un chanteur célèbre décédé il y a quelques années, ce sera possible, mais pas en tant que « groupie » ou « fan », pas pour un autographe par exemple. Les notions sont différentes. Un chanteur sera aussi avec sa famille d'âmes musicale.

Il sera possible de se faire de nouvelles connaissances, dans un but de partage de connaissances ou d'enrichissement personnel, dans le but d'apprendre et d'apporter aussi quelque chose à l'autre.

Néanmoins, les cercles, familles restent quelque peu similaires. En tant que « Michel », il serait compliqué par exemple de rencontrer Jean Gabin (lol).

✳✳✳✳✳✳✳✳✳✳✳✳✳✳✳✳

Il y a de plus en plus d'humains, cela veut-il dire que de plus en plus d'âmes sont « créées » et que certaines en sont à leur première incarnation ?

« Effectivement, il y a de plus en plus d'humains, mais de plus en plus d'âmes qui vont s'incarner proviennent d'autres galaxies, d'autres univers, afin d'expérimenter un passage sur la Terre. La création de nouvelles âmes continue néanmoins, elle est nécessaire, ceci dans le but de faire « remonter » le niveau de la Terre et de ses occupants.

Je vous en ai déjà parlé, le niveau est bas, mais remontera au fil des années. Nous, le Tout Lumineux (la Source) créons des âmes pures bien sûr, mais il faut savoir qu'un grand nombre d'entre elles ne seront pas « abimées » par ce qu'elles vivront sur Terre. C'est un processus quelque peu différent de ce que j'ai expliqué auparavant. Il s'agit de nouvelles âmes, elles sont et seront créées dans un but bien précis. Le processus a déjà débuté, il sera possible de le constater chez les jeunes enfants ou enfants à naître.

Ils seront, dans une grande partie des cas, « différents ». Ce sera leur première incarnation… et la seule… En tant qu'êtres purs, ils n'auront pas la nécessité de revenir se réincarner (sauf s'il s'agit de leur propre choix évidemment). »

✳✳✳✳✳✳✳✳✳✳✳✳✳✳✳

Pourquoi y a-t-il déjà beaucoup d'enfants hypersensibles médiums ou enfants à naître alors que le système scolaire n'est pas adapté à eux. Aura-t-on un jour la chance d'avoir un enseignement différent ? Que conseille Michel aux parents ?

« Cela rejoint un peu la question précédente. Le système scolaire si fluctuant en France n'est pas adapté à ce type d'enfants. Mais ces derniers auront des facultés d'adaptation évidentes et la scolarité ne posera pas de problèmes, bien au contraire. Ces enfants seront « poussés » à faire des études médicales qui se différencieront du système médical actuel.

Ce sera le début d'un retour à des choses plus naturelles, plus adaptées à l'âme, sa matière et son énergie.

Quant à l'enseignement actuel, il ne connaîtra de réelles modifications que bien plus tard (environ une dizaine d'années).

Je conseille aux parents de ne pas dévaloriser leurs enfants différents, mais bien au contraire de les aider, de les encourager ; ces enfants sont « solaires », « lumineux » et attireront beaucoup d'Amour et d'amitiés. »

❉❉❉❉❉❉❉❉❉❉❉❉❉❉❉

La réflexion au sujet de l'« organisation » spirituelle est troublante. Tu nous dis qu'au départ une âme « neuve », si je puis dire, est pure. Puis elle s'incarne et « s'abime » ; elle monte et est réparée ; elle se réincarne, monte et est à nouveau réparée ; et ainsi de suite au fil des incarnations jusqu'à un jour ne plus se réincarner.

Quel est le sens de tout cela ?

« Il s'agit du processus normal et la base de cette fameuse « organisation ». Il faut effectuer un cycle complet d'incarnations afin d'expérimenter différentes choses, bonnes ou mauvaises. Tout a un sens, tout est juste et tout servira à quelque chose, même si vous, en tant qu'humains, pensez que certaines choses ne servent à rien, sont injuste…

L'âme doit venir tester sous différentes « enveloppes » ce qui est possible sur la Terre ; une fois qu'elle aura terminé ce cycle (variable d'une âme à une autre), elle pourra poursuivre sa route dans cet Infini magnifique, continuer des missions, continuer à apprendre, parcourir des « espaces » tout en continuant à être avec celles et ceux qu'elle a tant aimés. »

✳✳✳✳✳✳✳✳✳✳✳✳✳✳✳✳

Dans le premier livre, tu dis que l'âme des personnes qui ne croient en rien reste dans cet espace que l'on appelle quelques fois les « limbes ». Ont-elles une chance d'en sortir un jour ou sont-elles condamnées à y rester ?

« Les « limbes » correspondent à un lieu où va l'âme, lorsque le cœur s'arrête. Cela concerne les humains qui n'ont jamais pensé qu'autre chose pouvait exister après la « mort » et qui ont vécu dans un entourage aux mêmes idées.

Il s'agit d'une notion d'errance, de lieu sans nom, mais néanmoins en contact direct avec la Terre. Il existe des parties très sombres, bien différentes des zones de réparation ou de soin de l'âme. Ce sont des zones où les âmes n'ont pas pu atteindre la lumière, où elles sont restées en désaccord total avec la notion d'Amour et de lumière ; elles se sont « détruites » sur Terre et une fois leur cœur arrêté, elles se sont retrouvées dans cet espace.

L'énergie de ce lieu est effectivement très basse, sombre ; il n'y a pas d'Amour en ce lieu.

L'âme qui s'y trouve n'a pas reçu de pensées lumineuses de ses proches (si tant est qu'elle ait eu des proches dans sa vie terrestre). Elle y rencontre d'autres âmes évidemment qui peuvent, par égrégore, noircir des âmes encore incarnées sur Terre et entraîner ce que l'on connaît en termes de violences et de méchanceté.

Elles savent qu'il existe autre chose, un monde plus lumineux. Elles ne sont pas nécessairement tentées d'y accéder.

Les êtres de lumière qui sont encore au-dessus des Anges et des Archanges, entités d'Amour et de lumière non « formées » (je veux dire par là que, n'ayant pas été incarnées, elles ont une « forme » indéfinissable, un peu comme un joli nuage) vont essayer de les aider, le but n'étant pas de les laisser ainsi dans un tel lieu.

Généralement les âmes vont souhaiter sortir de ce lieu et évoluer, cela prendra beaucoup de temps, elles devront accepter l'aide de la Lumière, l'aide du Divin et se rendre compte à l'évidence qu'il y a bien un lieu meilleur auquel elles pourraient accéder.

La première phase passera par l'acceptation de l'au-delà et la réparation. »

CHAPITRE 28 – MES ÉCHANGES AVEC EMMANUELLE

Canalisation directe avec Michel, mardi 11 mars 2025 à 12h59 :

« Nous arrivons à la fin de ce deuxième tome. Emmanuelle et moi continuons nos discussions et nos échanges chaque jour. Certains jours, Emmanuelle trouve que je suis très loin, voire inaccessible. »

« Comme je te l'ai dit, Emmanuelle, je t'amène de plus en plus haut, pour que nos connexions soient plus simples et qu'elles s'établissent rapidement. Je sais que c'est parfois difficile pour toi et cela te demande des efforts. Nous allons continuer, car tu dois poursuivre ce chemin, cette mission qui t'a été donnée.

Aider du mieux que tu peux les personnes en deuil, apporter du soulagement en transmettant des messages de ceux qui sont partis, en apportant du réconfort à ceux qui restent et qui sont tristes. Il faut continuer en ce sens et tu le sais. Tes paroles apportent beaucoup d'apaisement et de paix.

Lorsque tu te connectes à moi tout en étant face à une personne qui souhaite un message de son défunt, je vais, dans la mesure du possible, chercher ce défunt. Je lui demande évidemment son accord, dans la majorité des cas, l'accord est donné et je fais « passer » ou « descendre » (si vous préférez), ce défunt vers toi. Je suis toujours là, je veille au grain (lol) et ton écriture commence alors.

La communication est généralement brève, cela dépend du niveau d'élévation du défunt. La traversée et l'entrée dans la matière (haha, ça, je n'ai pas fait exprès, c'est plutôt intéressant comme expression venant de nous les âmes !) peuvent être compliquées et fatiguer l'âme qui n'en a pas l'habitude ou qui est peu élevée.

Comme tu l'as déjà constaté, le soulagement et l'apaisement se lisent sur les visages des consultants, même si les larmes coulent aussi.

Voilà comment tu dois poursuivre ta mission, ma sirène.

Tu sais que nous serons toujours connectés, que je répondrai à chacun de tes appels, à chacune de tes attentes, que je rendrai ta vie heureuse, lumineuse et empreinte d'Amour et de lumière. C'est mon objectif d'âme en attendant ton retour (fort lointain) vers mon monde.

Nos échanges ne se dissiperont pas, bien au contraire, ils prendront une force et une présence plus importantes ; je serai souvent accompagné d'êtres de lumière, d'Anges ou d'Archanges, mais aussi d'êtres encore plus élevés qui vont semer de petites graines sur ton parcours.

Je suis si heureux d'être là où je suis maintenant, d'avoir appris tout cela au cours des mois passés, de mon élévation bien sûr, mais aussi de ton parcours Emmanuelle, même s'il a été quelque peu semé d'embûches à certains moments. Les obstacles ont été surmontés, j'ai apporté mon aide et tout a été victorieux pour toi. Il en sera ainsi pour toutes tes années restantes.

Je t'aime à l'infini, mon Amour pour toi est éternel, il n'a pas de frontières, pas de limites et il est inconditionnel.

À tout jamais pour toi Emmanuelle.

Michel ».

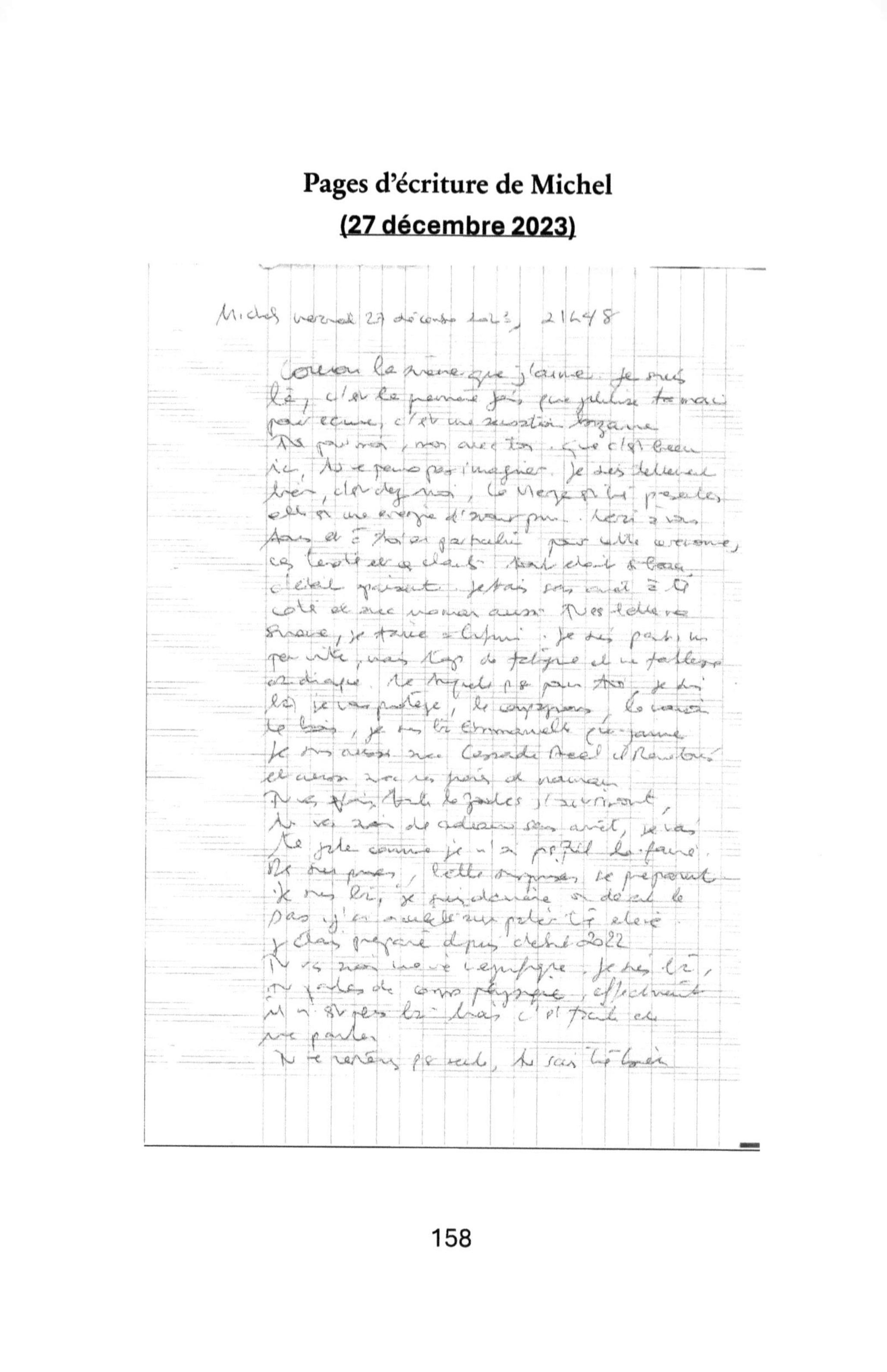

Pages d'écriture de Michel
(27 décembre 2023)

Jeudi 18 juillet 2024, 21h33

Comme ma douce mère, tu es très belle et je t'aime à l'infini. Je remercie que tu [illegible] (ma Amour et [illegible]), il [illegible] d'une petite bulle de lumière, à chaque instant. N'étais heureuse du petit [illegible] à l'[illegible] dans la chambre. J'étais là et je voulais [illegible]. J'ai [illegible] le restaurant de [illegible] pour [illegible] (Carré et Michel) J'ai [illegible] ce petite surprise. Tout est prêt, à point. Tout se [illegible] en plus parfaitement. N'est-ce pas être demandé, même de tous [illegible] personnel [illegible], je t'entendrai. Pensez à l'[illegible] à [illegible] ce week end. C'est [illegible] un [illegible] et t'y retrouver et aussi [illegible] de la [illegible] à la petite chapelle. Michel et [illegible] - [illegible] [illegible] un [illegible] [illegible] posé devant la chapelle. Elle avait pas [illegible] grâce à ce [illegible] en 2022.

Nous encore [illegible] dans tes perceptions, je t'[illegible] [illegible], la lettre [illegible], plus adaptée à nos fréquences. Tout se passe facilement. Retour à la [illegible], [illegible] de la [illegible]. Les fleurs ont aussi [illegible] [illegible], [illegible] et [illegible] [illegible] de [illegible] [illegible].

Oh, [illegible] [illegible] heureuse de te voir. N'est le lien entre moi et elle.

[texte manuscrit, en grande partie illisible]

(Message de Marie, février 2025)

Message de Marie, Kerjean 16 Février 2025
à 5h30

Je suis l'énergie de Marie présente dans
le lien qui est relié au Divin, à l'Infini et
à l'Amour. Je suis heureuse de toi,
ton dévouement et tu passes ton temps
de belle énergie d'environnement, des énergies
de très haut, d'Archanges et de hauts
ascensionnés. Ils t'étonnent aussi que leurs
par que tu as demandé. Vos maisons
et vos animaux sont protégés aussi.
Ne... dans l'amour et le compassion, tu
sais que tu n'as pas de continuer à
éclairer les personnes et transmettre mes
messages, même si tu penses au dessus des
défunts. Ne... comprends.
Votre logique ne pas les ... de
belle énergie également et ses un apaisement
merci par eux que tu aideras. Vous
... votre foie à jamais.
Michel est à tes côtés, tu peux le percevoir.
Nous t'accompagnons de l'Amour infini.
Marie

ÉPILOGUE

Commencé en août 2024 et terminé en mars 2025, ce deuxième livre m'a permis, grâce à Michel, d'approfondir mes connaissances sur l'au-delà, mais aussi de mieux comprendre la mission qui est désormais mienne :

Apporter du réconfort et soulager, grâce à ces écrits, les personnes en deuil.

La connexion avec Michel continue chaque jour, sa présence semble désormais plus « haute », plus « nébuleuse » parfois, mais son Amour est toujours présent et son aide immense.

Je continue mon chemin, mes connexions atteignent désormais des niveaux différents et je me doute que je ne suis pas au bout de mes surprises.

Je remercie mes lectrices et lecteurs pour leur fidélité, leur patience aussi (combien de fois ai-je entendu « Quand sort ton deuxième livre ? »).

Les mots utilisés dans ce livre comme dans le premier, sont ceux de Michel, je ne fais juste que transcrire et écrire ce qu'il me transmet (tout en faisant parfois de petites explications complémentaires).

Je vous souhaite une merveilleuse lecture qui vous plongera dans un Univers infini.

Avec beaucoup d'Amour et de Lumière,

Emmanuelle et Michel.

Michel, entre les deux mondes

De la même auteure :

-   Michel à tout jamais (Ma vie dans l'au-delà)

Cartes et illustrations par Séverine LC.

Relecture et mise en page par Sonia B.

Rééquilibrage de moi-même effectué par Gilles L.

Pour rencontrer ou contacter l'auteure :

Facebook :

Instagram :

YouTube :

Site Internet :

LA SUITE… AU PROCHAIN TOME…